Larousse Petite Grammaire
Des premier age

Guide du maître

PETITE
GRAMMAIRE
LEXICOLOGIQUE
DU PREMIER AGE

PAR

M. P. LAROUSSE
Auteur de la *Lexicologie des Écoles.*

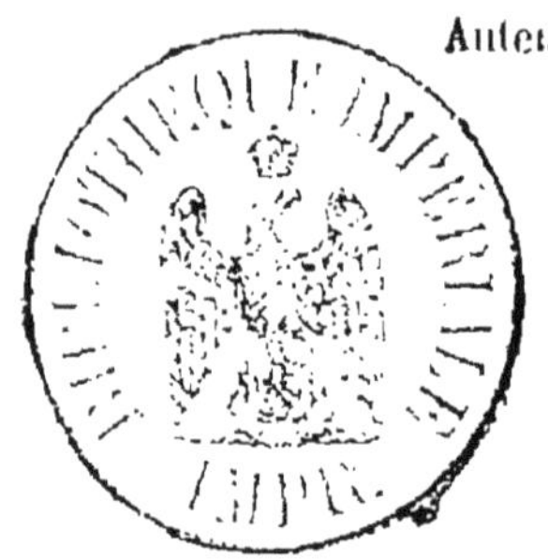

On a comparé l'éducation du perroquet à celle de l'enfant : il y aurait souvent plus de raison de comparer l'éducation de l'enfant à celle du perroquet.   BUFFON,

GUIDE DU MAITRE.

PARIS
LAROUSSE ET BOYER, LIBRAIRES-ÉDITEURS
RUE SAINT-ANDRÉ-DES-ARTS, 49

(1857

PRÉFACE.

La *Petite Grammaire lexicologique du premier âge* est un extrait de notre *Grammaire élémentaire*. Nous la publions à la sollicitation d'un grand nombre d'instituteurs, qui trouvaient ce dernier ouvrage trop volumineux et d'un prix trop élevé pour des commençants. Ces considérations étaient les deux points principaux du programme que nous avions à remplir. Aujourd'hui, nous dédions aux classes élémentaires une grammaire simple, claire, substantielle, tout-à-fait suffisante pour les écoles primaires, et qui, de plus, a le mérite d'être une grammaire *à bon marché*.

En un volume de 144 pages, fort compactes il est vrai, nous présentons :

1° La *théorie complète* d'une grammaire française élémentaire, avec des *remarques syntaxiques* sur les dix parties du discours;

2° Un recueil de près de 150 *devoirs orthographiques et syntaxiques* sur le nom, l'adjectif, le pronom, le verbe et le participe;

3° Des exercices d'*analyse grammaticale* sur les différentes espèces de mots;

4° Un grand nombre de devoirs *lexicologiques*, c'est-à-dire d'*invention*, qui doivent initier les enfants à l'intelligence des mots, et les conduire infailliblement, par une voie sûre, neuve et attrayante, à exprimer avec facilité leurs pensées, ce but de toutes les études, auquel on arrive si difficilement par la méthode grammaticale ordinaire.

Voilà l'inventaire exact de la *Grammaire lexicologique du premier âge*.

Ce livre, mis entre les mains des élèves, devient pour eux une sorte d'*encyclopédie grammaticale*, qui les dispense de tout autre ouvrage de langue et de style, pendant les deux ou trois années qu'ils doivent fréquenter l'école primaire.

Actuellement encore, beaucoup d'instituteurs font un usage à peu près exclusif de la *Grammaire française de Lhomond*. C'est là une grave erreur, dont la conséquence funeste a été de fausser, depuis soixante ans, dans notre pays, l'enseignement de la langue maternelle.

Voici toute notre pensée sur cette importante question :

Lhomond était professeur de l'Université de Paris ; sa modestie égalait son savoir ; il chérissait les enfants ; et c'est dans le seul but de leur être constamment utile qu'il composa tous ses ouvrages et qu'il voulut toujours rester professeur des basses classes. Ses Éléments de Grammaire française ont été écrits pour les enfants *que l'on destine à l'étude du latin.* Du temps de Lhomond les écoles primaires n'existaient point encore ; il n'a donc pas pu les avoir en vue en écrivant.

Considéré comme une introduction à l'étude de la langue latine, le livre de Lhomond est un chef-d'œuvre de simplicité, de méthode et de logique ; appliqué à la langue française, c'est un non-sens. Voyez avec quel soin le professeur expérimenté expose et traite à fond, dans sa Grammaire française, les points étrangers à notre langue, mais dont l'élève fera plus tard son profit dans l'étude du latin : la plupart de ses Dénominations, la Classification de l'Adjectif, du Pronom et du Verbe, les Degrés de signification, la Formation des temps, et surtout la Classification des mots invariables, cette longue liste de prépositions, qui marquent le *lieu,* le *temps,* l'*ordre,* la *convenance,* l'*opposition,* le *moyen,* le *but,* etc., toutes ces choses sont de purs latinismes, qui embarrassent d'idées inutiles la raison naissante des enfants et qui sont déplacés dans une grammaire destinée aux élèves des *écoles primaires.*

La faute, la cause de ces anomalies, n'en revient pas à Lhomond ; il a écrit conséquemment au but qu'il se proposait ; il a fait ce qu'il voulait faire : un livre très-utile aux enfants qui se destinent au latin, mais très-nuisible aux progrès de ceux qui ne doivent étudier que leur langue maternelle. L'inconséquence vient de ses annotateurs, qu'il aurait désapprouvés tout le premier, s'il avait pu prévoir l'usage inintelligent qu'ils feraient un jour de son ouvrage.

Nous le répétons encore, et cela, avec une intention marquée, nous n'avons pas eu la pensée de déprécier l'œuvre de Lhomond ; notre vénération pour la mémoire de cet homme excellent est profonde ; elle égale son mérite. Notre enfance, à tous, a été nourrie de ses ouvrages ; son nom vénéré se trouve mêlé à tous nos bons souvenirs de collége. Être professeur, avoir été élève, et toucher à la réputation de Lhomond, ne serait-ce pas l'oiseau qui salirait son nid ?

PETITE LEXICOLOGIE

DU PREMIER AGE.

GÉNÉRALITÉS.

1. Il y a trois sortes de *langage*, c'est-à-dire trois manières différentes de dire aux autres ce que l'on pense, savoir : le langage des *signes*, celui de la *parole* et celui de l'*écriture*.

2. Les *mots* sont les instruments du langage.

3. Les *lettres* sont les éléments des mots.

4. Il y a deux sortes de lettres : les *voyelles* et les *consonnes*.

5. Les *voyelles* sont *a, e, i, o, u, y*.

6. Les *consonnes* sont *b, c, d, f, g, h, j, k, l, m, n, p, q, r, s, t, v, x, z.*

7. Les voyelles sont *longues* ou *brèves*.

Les voyelles *longues* sont celles sur lesquelles on appuie plus longtemps que sur les autres en les prononçant.

Les voyelles *brèves* sont celles sur lesquelles on appuie moins longtemps.

Par exemple :

a est long dans *plâtre* et bref dans *quatre;*
e est long dans *tête* et bref dans *trompette;*
i est long dans *gîte* et bref dans *petite;*
o est long dans *côte* et bref dans *botte;*
u est long dans *flûte* et bref dans *chute.*

8. Il y a trois sortes d'*e* : l'*e muet*, comme dans *monde, petit;* l'*é fermé*, comme dans *bonté, vérité;* l'*è ouvert*, comme dans *succès, il appelle.*

9. Pour marquer les différentes sortes d'*e* et les voyelles longues, on se sert de petits signes appelés *accents*.

Il y a trois sortes d'accents :

L'accent *aigu*, qui se met sur les *é* fermés : *café.*

L'accent *grave*, qui se met sur les *è* ouverts : *procès.*

L'accent *circonflexe*, qui se met sur la plupart des voyelles longues : *apôtre, tête.*

10. L'*y* s'emploie pour un *i* ou pour deux *i*.

L'*y* s'emploie pour un *i* au commencement et à la fin des mots;

yeux, dey, et dans le corps des mots après une consonne : *mystère.*

L'*y* s'emploie pour deux *i* dans le corps d'un mot après une voyelle : *pays (pai-is), voyage (voi-iage).*

11. La lettre *h* est muette ou aspirée ; elle est *muette* quand elle n'ajoute rien à la prononciation : *homme, honneur, théâtre,* qu'on prononce comme s'il y avait *omme, onneur, téâtre.*

12. La lettre *h* est aspirée quand elle fait prononcer avec aspiration, c'est-à-dire du gosier, la voyelle suivante , comme dans *la haine, le héros, un hêtre.*

13. La somme, la totalité des mots qui composent le langage d'un peuple, s'appelle *langue.*

14. Une langue est riche si elle a beaucoup de mots , pauvre si elle en a peu.

15. La langue française est une des plus riches : elle compte aujourd'hui près de cent mille mots.

16. Ces cent mille mots ont été classés en dix espèces, savoir : le *Nom* ou *Substantif,* l'*Article,* l'*Adjectif,* le *Pronom,* le *Verbe,* le *Participe,* l'*Adverbe,* la *Préposition,* la *Conjonction* et l'*Interjection.*

Ces dix espèces de mots s'appellent les dix parties du discours, c'est-à-dire du langage.

La *Grammaire* apprend à les distinguer ; elle fait connaître leurs propriétés, leur nature, et les fonctions qu'ils remplissent les uns à l'égard des autres. En un mot,

La Grammaire est l'art de parler et d'écrire correctement, c'est-à-dire sans faire de fautes.

CHAPITRE PREMIER.

DU NOM.

17. Les *êtres,* c'est-à-dire tout ce que Dieu a créé, tout ce qui existe dans la nature, se divisent en trois grandes classes : les *personnes,* les *animaux* et les *choses.*

18. On appelle *Noms* ou substantifs les mots qui *nomment* les personnes, les animaux et les choses. Ainsi, *homme, enfant,* qui désignent des personnes ; *cheval, serpent,* qui désignent des animaux ; *cuivre, orange,* qui désignent des choses, sont des *noms.*

19. En général, on reconnaît qu'un mot est un nom quand il désigne un être qui tombe sous les sens, que l'on peut *voir, toucher,* etc.

L'élève dira si les noms suivants désignent des choses, des animaux ou des personnes.

Noisette (*chose*). Limaçon (*animal*). Maçon (*personne*). Diamant (*ch.*). Adam (*pers.*). Oreiller (*ch.*). Oreille (*ch.*). Magistrat (*pers.*). Caïn (*pers.*). Parasol (*ch.*). Perdrix (*an.*). Prairie (*ch.*). Brochet (*an.*). Soleil (*ch.*). Chaleur (*ch.*). Hanneton (*an.*). Isidore (*pers.*). Bœuf (*an.*). Nègre (*pers.*). Chinois (*pers.*). Grillon (*an.*). Tableau (*ch.*). Cerise (*ch.*). Écureuil (*an.*). Écolier (*pers.*). Agriculteur (*pers.*). Estomac (*ch.*). Compagne (*pers.*). Campagne (*ch.*). Benjamin (*pers.*). Parrain (*pers.*). Sucre (*ch.*). Baleine (*an.*). Mètre (*ch.*). Maître (*pers.*). Vieillard (*pers.*). Girafe (*an.*). Navire (*ch.*). Holopherne (*pers.*)

DU NOM COMMUN ET DU NOM PROPRE.

20. Le mot *enfant* convient à tous les enfants, le mot *ville* convient à toutes les villes. Mais, si l'on veut distinguer un *enfant* des autres enfants, une *ville* des autres villes, on dira *Paul, Julien*, etc. ; *Paris, Alger*, etc.

Enfant, ville, qui conviennent à toute une classe d'individus, sont des noms *communs*.

Paul, Julien, Paris, Alger, qui sont des dénominations particulières, sont des noms *propres*. Ainsi :

21. On appelle nom *commun* celui qui convient, qui est commun à tous les individus de la même espèce, comme *chien, montagne, guerrier*.

22. On appelle nom *propre* celui qui appartient en particulier, en propre à un individu d'une espèce; tels sont *Médor*, les *Alpes, Turenne*.

Le mot *Médor* ne convient pas à tous les *chiens*; *Alpes* ne convient pas à toutes les *montagnes*; *Turenne* ne convient pas à tous les *guerriers*.

L'élève distinguera les noms communs des noms propres.

Le Volga (*nom propre*) est le plus grand fleuve (*nom commun*) de l'Europe (*n. p.*). Les Lapons (*n. p.*) sont les plus misérables de tous les peuples (*n. c.*). Pâques (*n. p.*) est la fête (*n. c.*) la plus solennelle de l'année (*n. c.*). Quand Sésostris (*n. p.*) fut mort, chacun de ses sujets (*n. c.*) crut avoir perdu un père (*n. c.*). Dieu (*n. p.*) choisit Moïse (*n. p.*) pour délivrer son peuple (*n. c.*) de la servitude (*n. c.*) d'Égypte (*n. p.*). Certains oiseaux (*n. c.*) d'Amérique (*n. p.*) ne sont guère plus gros qu'une abeille (*n. c.*). Dracon (*n. p.*) donna à la ville (*n. c.*) d'Athènes (*n. p.*) des lois (*n. c.*) si sévères, qu'on les disait écrites avec du sang (*n. c.*). Avant l'arrivée (*n. c.*) des Européens (*n. p.*) dans le Nouveau-Monde (*n. p.*), les Américains (*n. p.*) ne connaissaient ni le chien (*n. c.*), ni le cheval (*n. c.*), ni le mouton (*n. c.*), enfin aucun de nos animaux (*n. c.*) domestiques.

L'élève indiquera trois :

Métaux.	Or, fer, cuivre.
Couleurs.	Rouge, vert, violet.
Bijoux.	Bague, collier, bracelet.
Fruits.	Pomme, orange, grenade.
Fleurs.	Rose, dahlia, violette.
Plantes potagères.	Haricot, oseille, épinards.

Arbres fruitiers.	Pêcher, prunier, abricotier.
Arbres sauvages.	Chêne, pin, hêtre.
Animaux domestiques.	Bœuf, cheval, âne.
Animaux sauvages féroces.	Tigre, lion, panthère.
Animaux doux sauvages.	Gazelle, cerf, chamois.
Espèces de chiens.	Epagneul, Terre-Neuve, lévrier.
Oiseaux.	Aigle, épervier, pinson.
Poissons.	Brochet, carpe, baleine.
Reptiles.	Couleuvre, vipère, lézard.
Insectes.	Mouche, araignée, hanneton.
Organes (sens).	Vue, ouïe, odorat.
Liqueurs.	Absinthe, anisette, rhum.
Maladies.	Fièvre, rougeole, pleurésie.
Vices et défauts.	Orgueil, paresse, gourmandise.
Vertus et qualités.	Patience, charité, franchise.
Jeux d'enfants.	Cheval-fondu, barres, marelle.
Jouets d'enfants.	Tambour, bille, trompette.
Mois.	Janvier, mars, septembre.
Fêtes.	Pâques, Noël, la Fête-Dieu.
Meubles.	Lit, secrétaire, fauteuil.
Chaussures.	Souliers, bottes, pantoufles.
Armes à feu.	Canon, fusil, pistolet.
Armes blanches.	Sabre, fleuret, baïonnette.
Instruments de musique.	Violon, guitare, trombonne.
Instruments aratoires.	Charrue, faux, herse.
Outils.	Marteau, tenailles, varlope.

DU GENRE ET DU NOMBRE.

23. Il y a deux choses à remarquer dans les noms : le *genre* et le *nombre*.

24. Le *genre* est la distinction des êtres en *mâles* et en *femelles*.

25. Il y a deux genres : le *masculin* et le *féminin*.

26. Les noms des êtres *mâles*, et, en général, tous les mots devant lesquels on peut mettre *le*, *un*, sont du genre *masculin*. Ex. : *roi, lion, tableau ; le roi, un roi ; le lion, un lion ; le tableau, un tableau.*

27. Les noms des êtres *femelles*, et, en général, tous les mots devant lesquels on peut mettre *la*, *une*, sont du genre *féminin*. Ex. : *reine, lionne, table ; la reine, une reine ; la lionne, une lionne ; la table, une table.*

28. Le *nombre* indique si l'on parle d'*un* ou de *plusieurs* êtres.

29. Il y a deux nombres : le *singulier* et le *pluriel*.

30. Un nom est du *singulier* quand il ne désigne qu'un seul être : *le père, un livre, ce fauteuil, ma plume.*

31. Un nom est du *pluriel* quand il désigne plusieurs êtres : *les pères, des livres, ces fauteuils, mes plumes.*

L'élève distinguera le genre et le nombre des noms suivants :

Le ciel (*masculin singulier*). La terre (*féminin singulier*). Les étoiles

(*fém. pluriel*). La vérité (*f. s.*). Les héros (*m. p.*). Les hirondelles
(*f. p.*). Cet arbre (*m. s.*). France (*f. s.*). Le bronze (*m. s.*). Les métaux
(*m. p.*). Une table (*f. s.*). Esaü (*m. s.*). Athalie (*f. s.*). Quelques fruits
(*m. p.*). Quelque argent (*m. s.*). Ces jardins (*m. p.*). Mon habit (*m. s.*).
La Méditerranée (*f. s.*). Ta patrie (*f. s.*). Le génie (*m. s.*). Ses habitudes (*f. p.*). Le Vésuve (*m. s.*). Le balai (*m. s.*). L'appartement (*m. s.*).
Les oiseaux (*m. p.*). Le cerceau (*m. s.*). Les billes (*f. p.*). La sentinelle
(*f. s.*). Les incendies (*m. p.*). La nacre (*f. s.*). Vos couteaux (*m. p.*).
Les serpents (*m. p.*). Les vipères (*f. p.*). Nos amis (*m. p.*). Le rivage
(*m. s.*). Les rives (*f. p.*). L'écluse (*f. s.*). Le canal (*m. s.*). L'auteur
(*m. s.*). La hauteur (*f. s.*). L'eau (*f. s.*). Les os (*m. p.*). Les dindes
(*f. p.*). Les dindons (*m. p.*). La courroie (*f. s.*). Ces légumes (*m. p.*).
Cinq centimes (*m. p.*). Des noix (*f. p.*). L'image (*f. s.*). Les chaînes
(*f. p.*). Les chênes. (*m. p.*)

Devoir de récapitulation.

L'élève indiquera :

Trois noms communs :
   Cheval, arbre, chemin.

Trois noms propres :
   Napoléon, Alexandre, Moscou.

Trois noms masculins :
   L'homme, l'animal, l'argent.

Trois noms féminins :
   L'église, la colonne, la route.

Trois noms singuliers :
   Un livre, une table, un enfant.

Trois noms pluriels :
   Des voitures, des maisons, des chiens.

Trois noms propres masculins de personnes :
   Annibal, Frédéric, Pierre le Grand.

Trois noms propres féminins de personnes :
   Catherine, Elisabeth, Christine.

Trois noms propres masculins de choses :
   Le Danube, Paris, le Dauphiné.

Trois noms propres féminins de choses :
   Les Alpes, la Seine, Jérusalem.

Trois noms communs masculins singuliers de personnes :
   Le général, ce vieillard, votre oncle.

Trois noms communs féminins pluriels de choses :
   Les montagnes, les provinces, les rivières.

FORMATION DU PLURIEL DANS LES NOMS.

32. RÈGLE GÉNÉRALE. — On forme le pluriel d'un nom en ajoutant la lettre *s* à la fin du mot. Ex. : *le laboureur, les laboureurs;
une ville, des villes.*

EXCEPTION.

33. Les noms terminés au singulier par *s*, *x* ou *z* ne changent pas au pluriel : *le rubis, les rubis; la noix, les noix ; le nez, les nez.*

Devoir à mettre au pluriel.

Singulier.	Pluriel.	Singulier.	Pluriel.
Le poisson.	Les poissons.	La haie.	Les haies.
La feuille.	Les feuilles.	La noisette.	Les noisettes.
L'enfant.	Les enfants.	L'amandier.	Les amandiers.
La maison.	Les maisons.	Une reine.	Des reines.
La forêt.	Les forêts.	Un royaume.	Des royaumes.
Le bourg.	Les bourgs.	Mon gant.	Mes gants.
Le crayon.	Les crayons.	Ma canne.	Mes cannes.
Le bouvreuil.	Les bouvreuils.	Ton cadenas.	Tes cadenas.
La scie.	Les scies.	Sa plume.	Ses plumes.
Le fil.	Les fils.	Son cahier.	Ses cahiers.
Le fils.	Les fils.	Ce pays.	Ces pays.
Le villageois.	Les villageois.	Cette orange.	Ces oranges.
L'engrais.	Les engrais.	Cet oranger.	Ces orangers.
La poix.	Les poix.	Un congrès.	Des congrès.
La croix.	Les croix.	Notre professeur	Nos professeurs.
L'époux.	Les époux.	Votre métairie.	Vos métairies.
Le gaz.	Les gaz.	Leur almanach.	Leurs almanachs
Une sarigue.	Des sarigues.	Un salsifis.	Des salsifis.
Le velours.	Les velours.	Une armoire.	Des armoires.
Le lynx.	Les lynx.		

Singulier.	Pluriel.
Le maître et le disciple.	Les maîtres et les disciples.
La chaumière du pauvre.	Les chaumières des pauvres.
Le palais du riche.	Les palais des riches.
Le discours de cet orateur.	Les discours de ces orateurs.
Le nid de la perdrix.	Les nids des perdrix.
La source de la montagne.	Les sources des montagnes.
La hure du sanglier.	Les hures des sangliers.

Devoir à mettre au singulier.

Pluriel.	Singulier.
Etoiles.	Etoile.
Fleurs.	Fleur.
Chiens.	Chien.
Brebis.	Brebis.
Nez.	Nez.
Riz.	Riz.
Les amis.	L'ami.
Des pupitres.	Un pupitre.
Ces paons.	Ce paon.
Ces os.	Cet os.
Ces abeilles.	Cette abeille.
Ses succès.	Son succès.
Mes billes.	Ma bille.
Tes croix.	Ta croix.

Nos rosiers.	Notre rosier.
Vos exploits.	Votre exploit.
Les œufs de mes poules.	L'œuf de ma poule.
Les plis de mes vêtements.	Le pli de mon vêtement.
Les surplis des prêtres.	Le surplis du prêtre.
Les enfants des campagnes.	L'enfant de la campagne.
Les propriétés des corps.	La propriété du corps.
Les cors des chasseurs.	Le cor du chasseur.
Les cadenas des portes.	Le cadenas de la porte.
Les taffetas, les cuirs et les velours.	Le taffetas, le cuir et le velours.
Les habitants de ces pays.	L'habitant de ce pays.
Les tapis de vos salons.	Le tapis de votre salon.
Les fils de ces tissus.	Le fil de ce tissu.
Les pères et les fils.	Le père et le fils.
Les canevas sur les métiers.	Le canevas sur le métier.
Les procès des plaideurs.	Le procès du plaideur.
Les murs de mes jardins.	Le mur de mon jardin.
Les heures de nos repas.	L'heure de notre repas.
Les promenades dans les bois.	La promenade dans le bois.
Les lois des États.	La loi de l'État.
Les plans des architectes.	Le plan de l'architecte.
Les poids et les mesures.	Le poids et la mesure.
Les cabas et les paniers.	Le cabas et le panier.
Les tamis des maçons.	Le tamis du maçon.
Les outils de ces ouvriers.	L'outil de cet ouvrier.
Les noix et les noisettes.	La noix et la noisette.
Les semis et les récoltes.	Le semis et la récolte.
Les remords de ces méchants.	Le remords de ce méchant.
Les légumes de nos potagers.	Le légume de notre potager.

NOMS EN *au*, *eu*. — NOMS EN *ou*.

34. Les noms terminés au singulier par *au*, *eu*, prennent *x* au pluriel : l'*oiseau*, les *oiseaux*; un *enjeu*, des *enjeux*.

35. Les noms en *ou* suivent la règle générale, c'est-à-dire prennent un *s* au pluriel : un *trou*, des *trous*; un *verrou*, des *verrous*.

36. Il faut excepter *bijou*, *caillou*, *chou*, *genou*, *hibou*, *joujou*, *pou*, qui prennent *x* : des *bijoux*, des *cailloux*, des *choux*, des *genoux*, des *hiboux*, des *joujoux*, des *poux*.

Devoir à mettre au pluriel.

Singulier.	Pluriel.
Le lieu.	Les lieux.
Le cerceau.	Les cerceaux.
Le filou.	Les filous.
Le bureau.	Les bureaux.
Le verrou.	Les verrous.
Le barreau.	Les barreaux.
L'adieu.	Les adieux.
Le château.	Les châteaux.
Le moineau.	Les moineaux.
L'aveu.	Les aveux.

Singulier.	Pluriel.
Le caillou.	Les cailloux.
Le seau.	Les seaux.
Le cou.	Les cous.
Le cadeau.	Les cadeaux.
Le préau.	Les préaux.
Le cheveu.	Les cheveux.
Le bambou.	Les bambous.
Le hibou.	Les hiboux.
Le sapajou.	Les sapajous.
L'échalas et le pieu.	Les échalas et les pieux.
L'essieu du tombereau.	Les essieux des tombereaux.
L'eau de la mer.	Les eaux des mers.
Le renard et le corbeau.	Les renards et les corbeaux.
L'enfant dans son berceau.	Les enfants dans leurs berceaux.
Le feu du fourneau.	Les feux des fourneaux.
L'agneau sous l'arbrisseau.	Les agneaux sous les arbrisseaux.
Le joujou et le gâteau.	Les joujoux et les gâteaux.
Le licou du chameau.	Les licous des chameaux.
Le clou et le marteau.	Les clous et les marteaux.
Le trou de la souris.	Les trous des souris.
Le chou et le panais.	Les choux et les panais.
Le brou de la noix.	Les brous des noix.
L'écrou de l'essieu.	Les écrous des essieux.
Le cadeau de l'époux.	Les cadeaux des époux.

Devoir à mettre au singulier.

Pluriel.	Singulier.
Les carottes et les poireaux.	La carotte et le poireau.
Les oiseaux dans les cages.	L'oiseau dans la cage.
Les sous et les centimes.	Le sou et le centime.
Les manteaux des sentinelles.	Le manteau de la sentinelle.
Les mâts de ces vaisseaux.	Le mât de ce vaisseau.
Les cousins et les neveux.	Le cousin et le neveu.
Les rideaux de vos fenêtres.	Le rideau de votre fenêtre.
Les coucous et les hiboux.	Le coucou et le hibou.
Les eaux de ces puits.	L'eau de ce puits.
Les lames de ces couteaux.	La lame de ce couteau.
Les noyaux de ces pruneaux.	Le noyau de ce pruneau.
Les fous et les insensés.	Le fou et l'insensé.
Les douleurs dans les genoux.	La douleur dans le genou.
Les puces et les poux.	La puce et le pou.
Voici mes bijoux.	Voici mon bijou.
Les joujoux des enfants.	Le joujou de l'enfant.

NOMS EN *al, ail*, — *aïeul, ciel, œil.*

37. Les noms terminés en *al* changent au pluriel *al* en *aux :* le *maréchal*, les *maréchaux;* le *cardinal*, les *cardinaux.*

38. Il faut excepter *bal, cal, carnaval, chacal* et *régal*, qui prennent *s* au pluriel : des *bals*, des *cals*, des *carnavals*, des *chacals*, des *régals.*

39. Les noms en *ail* forment leur pluriel régulièrement : un *portail*, des *portails* ; un *détail*, des *détails*.

40. Sept font exception ; ce sont *bail, corail, émail, soupirail, travail, vantail* et *vitrail*, qui changent *ail* en *aux* : des *baux*, des *coraux*, des *émaux*, des *soupiraux*, des *travaux*, des *vantaux*, des *vitraux*. — *Bétail* fait *bestiaux*.

41. Les noms suivants ont un pluriel très-irrégulier :

Aïeul fait *aïeux* : mon AÏEUL, mes AÏEUX.
Ciel fait *cieux* : le CIEL, les CIEUX.
Œil fait *yeux* : un ŒIL, des YEUX.

Devoir à mettre au pluriel.

Singulier.	Pluriel.
Le canal.	Les canaux.
Le rival.	Les rivaux.
Le carnaval.	Les carnavals.
L'animal, le minéral et le végétal.	Les animaux, les minéraux et les {végétaux.
Le portail.	Les portails.
Le vitrail.	Les vitraux.
Un épouvantail.	Des épouvantails.
Le gouvernail de ce vaisseau.	Les gouvernails de ces vaisseaux.
Le procès-verbal du gendarme.	Les procès-verbaux des gendarmes.
L'étoile du ciel.	Les étoiles des cieux.
Le total de l'addition.	Les totaux des additions.
Le bétail du fermier.	Les bestiaux des fermiers.
Le régal de l'enfant.	Les régals des enfants.
Le prix de ce corail	Les prix de ces coraux.
Le piédestal de cette statue.	Les piédestaux de ces statues.
L'éventail de ma sœur.	Les éventails de mes sœurs.
L'épée du rival.	Les épées des rivaux.
Le poitrail de ce bœuf.	Les poitrails de ces bœufs.
Le soupirail de ma cave.	Les soupiraux de mes caves.
Le bal chez le général.	Les bals chez les généraux.
Le travail de cet ouvrier.	Les travaux de ces ouvriers.
Le camail du vicaire.	Les camails des vicaires.
La maison de mon aïeul.	Les maisons de mes aïeux.
La nuance de cet émail.	Les nuances de ces émaux.
La prunelle de l'œil.	Les prunelles des yeux.
Le soldat et le caporal.	Les soldats et les caporaux.
Le feu du fanal.	Les feux des fanaux.
Le mal du genou.	Les maux des genoux.
Le bonbon dans le bocal.	Les bonbons dans les bocaux.
Le filou devant le tribunal.	Les filous devant les tribunaux.
Le principal du collége.	Les principaux des colléges.
L'intérêt du capital.	Les intérêts des capitaux.
Le cri du chacal.	Les cris des chacals.

Devoir à mettre au singulier.

Pluriel.	Singulier.
Les victoires de nos généraux.	La victoire de notre général.
Les détails de mes aventures.	Le détail de mon aventure.
Les journaux des provinces.	Le journal de la province.

Pluriel.	*Singulier.*
Les bateaux sur les canaux.	Le bateau sur le canal.
Les liqueurs dans les bocaux.	La liqueur dans le bocal.
Les pieds des chevaux.	Le pied du cheval.
Les sots et les originaux.	Le sot et l'original.
Les bestiaux de ces hameaux.	Le bétail de ce hameau.
Les aïeux de ces héros.	L'aïeul de ce héros.
Les larmes aux yeux.	La larme à l'œil.
Les bras vers les cieux.	Le bras vers le ciel.
Les directeurs de ces hôpitaux.	Le directeur de cet hôpital.

Récapitulation orthographique.

Devoir à mettre au pluriel.

Singulier.	*Pluriel.*	*Singulier.*	*Pluriel.*
La bourgade.	Les bourgades.	Le kangourou.	Les kangourous.
Le hameau.	Les hameaux.	Une oasis.	Des oasis.
La bergerie.	Les bergeries.	Le compas.	Les compas.
L'étendard.	Les étendards.	L'ours.	Les ours.
Le parrain.	Les parrains.	L'ourse.	Les ourses.
La marraine.	Les marraines.	Le clou.	Les clous.
Le tuyau.	Les tuyaux.	L'étau.	Les étaux.
Le tabac.	Les tabacs.	Le chardon.	Les chardons.
Le biscuit.	Les biscuits.	Le chardonneret	Les chardonnerets
La science.	Les sciences.	Le coquillage.	Les coquillages.
La difficulté.	Les difficultés.	Le bluet.	Les bluets.
Le cordial.	Les cordiaux.	Le dahlia.	Les dahlias.
Le royaume.	Les royaumes.	Le muguet.	Les muguets.
Le rossignol.	Les rossignols.	L'œillet.	Les œillets.
Le crucifix.	Les crucifix.	Le canezou.	Les canezous.
L'écheveau.	Les écheveaux.	L'amadou.	Les amadous.
Le hangar.	Les hangars.	L'essieu.	Les essieux.
Le neveu.	Les neveux.	Le niveau.	Les niveaux.
Le chrétien.	Les chrétiens.	Le bal.	Les bals.
Le fou.	Les fous.	Le bail.	Les baux.
Le caillou.	Les cailloux.	Le cristal.	Les cristaux.
La grammaire.	Les grammaires.	Le cœur.	Les cœurs.
Ma servante.	Mes servantes.	Le métal.	Les métaux.
Ton serviteur.	Tes serviteurs.	Le patois.	Les patois.
Un pantalon.	Des pantalons.	Le berceau	Les berceaux.
Un banc.	Des bancs.	L'acajou.	Les acajous.
Un discours.	Des discours.	Le vassal.	Les vassaux.
Un radis.	Des radis.	Le cou.	Les cous.
Ce moyeu.	Ces moyeux.	Le coup.	Les coups.
Cette plume.	Ces plumes.	Le camail.	Les camails.
Le chevreau.	Les chevreaux.	Le boisseau.	Les boisseaux.
Le corail.	Les coraux.	L'arsenal.	Les arsenaux.
Le numéro.	Les numéros.	Le hanneton.	Les hannetons.
Le vieillard.	Les vieillards.	Le rosier.	Les rosiers.
Le philosophe.	Les philosophes.	Le poitrail.	Les poitrails.
Une cerise.	Des cerises.	Le portail.	Les portails.
Le ciseau.	Les ciseaux.	Le gâteau.	Les gâteaux.
Le tombereau.	Les tombereaux	Le lapin.	Les lapins.

Singulier.	Pluriel.	Singulier.	Pluriel.
Le chalumeau.	Les chalumeaux.	La vielle.	Les vielles.
Le département.	Les départements	La vieille.	Les vieilles.
L'aïeul.	Les aïeux.	Le rhinocéros.	Les rhinocéros.
Le quintal.	Les quintaux.	Le mensonge.	Les mensonges.
Le piédestal.	Les piédestaux.	Le louveteau.	Les louveteaux.
La veille.	Les veilles.	L'attirail.	Les attirails.

Devoir mis au pluriel.

Mes frères sont mes amis.
Des amis sont des trésors.
Ses sœurs sont ses amies et ses compagnes.
Des rois sont des hommes.
Des flatteries sont des mensonges.
Des revers sont des leçons.
Les souriceaux sont les petits des souris.
Ces potions sont des cordiaux.
Les bigarreaux sont des cerises.
Des volcans sont des soupiraux.
Des soupiraux sont des trous.
Les bambous sont des roseaux.
Les vertus de tes aïeux sont tes héritages.
Des accusés ne sont pas des coupables.
Les bestiaux sont les richesses des fermiers.
Ces repas sont des régals.
Les éponges sont des animaux, et les mousses des végétaux.
Les Français sont les rivaux plutôt que les ennemis des Anglais.
Les yeux sont des miroirs.
Les travaux sont des capitaux.
Les chevaux sont les serviteurs et les amis des Arabes.
Les chiens sont les compagnons des hommes.
Les coucous sont des oiseaux.
Ces locaux sont des bijoux.
Les chameaux sont les vaisseaux des déserts.
Les cals sont des durillons.
Les travaux sont des épouvantails pour les paresseux.
Les camails sont des vêtements.
Les cous des cygnes sont des proues et leurs queues des gouvernails.
Les sapajous sont des singes.
Les minéraux sont des poisons.
Les cheveux sont des tuyaux.
Des sceptres sont des fardeaux.
Ces chats sont des matous.
Les Indous sont les habitants des Indes.
Des conquérants ne sont ni des héros ni des dieux; ce sont des fléaux.
Les phares sont des sortes de fanaux.
Les flatteries sont des régals pour les sots.

Devoir mis au singulier.

Un talent est un protecteur.
Le sage est maître de son secret.
Le chou est un légume.
Ce général est un héros.
Le rossignol est un musicien.

Un crime est un remords.
Une aumône est une prière.
La guerre est un fléau.
Le chacal est une espèce de renard.
Le flatteur est un traître et un hypocrite.
Un hôpital est souvent un tombeau.
Une vertu est un joyau.
Le houx est un arbrisseau.

Devoir mis au pluriel.

On doit défendre aux *enfants* les *jeux* trop bruyants. Les petits *ruis-seaux* font les grandes *rivières*. Dieu a donné des *plumes* aux *oiseaux*, de la laine aux *brebis*, des *fourrures* aux *bêtes* fauves; l'homme s'est composé des *vêtements* avec les *plumes*, les *laines* et les *fourrures* des *animaux*. Les *lynx* sont des *animaux* sauvages qui ont les *yeux* très-perçants. La terre tourne sur son axe comme les *roues* des *voitures* au-tour des *essieux*. Pour charger les *chameaux*, on leur fait plier les *ge-noux*. Les *hiboux* sont des *oiseaux* de nuit qui ont les *yeux* ronds. Les *taupes* ont les *yeux* très-petits. Les *rennes* sont des *animaux* si utiles aux *Lapons*, qu'ils leur tiennent lieu de *bœufs*, de *chevaux* et de *brebis*. Les *hommes* craignent la mort, qui finit tous leurs *maux*.

Récapitulation lexicologique.

L'élève indiquera :

Trois noms de personnes, d'animaux, de choses, qui forment leur pluriel par l'addition d'un s.

Personnes : Les hommes, les femmes, les enfants.
Animaux : Des bœufs, des serpents, des baleines.
Choses : Des tables, des livres, des fenêtres.

Trois noms terminés par s au singulier :
Le discours, le puits, le repas.

Trois noms terminés par x au singulier :
Le courroux, la croix, le crucifix.

Trois noms en AU *au singulier :*
L'étau, le noyau, le marteau.

Trois noms en EU *:*
Le neveu, le cheveu, le feu.

Trois noms en OU, *qui prennent s au pluriel :*
Le cou, le filou, le matou.

Trois noms en AL, *qui forment leur pluriel en* AUX *:*
Le cheval, le canal, le quintal.

Trois noms en AIL, *qui prennent s au pluriel :*
Le portail, le gouvernail, l'épouvantail.

CHAPITRE DEUXIÈME.

DE L'ARTICLE.

42. L'*Article* est un petit mot qui sert à préciser le sens des noms, et qui en fait connaître le genre et le nombre.

43. L'article est *simple* ou *contracté*.

44. Articles simples : *le*, pour le masculin singulier ; *la*, pour le féminin singulier ; *les*, pour le pluriel des deux genres : LE *ciel*, LA *terre*, LES *arbres* et LES *plantes*.

45. Remarque. Devant un mot qui commence par une voyelle ou un *h* muet. on remplace par une apostrophe les lettres *e, a*, des articles *le, la*. Ainsi l'on dit L'*oiseau*, L'*histoire*, L'*amitié*, pour LE *oiseau*, LA *histoire*, LA *amitié*. Cette suppression prend le nom d'*élision*, et les articles sont appelés articles simples *élidés*.

46. Articles contractés : *du*, pour *de le ; des*, pour *de les ; au*, pour *à le ; aux*, pour *à les* : DU *pain*, pour DE LE *pain ;* DES *fruits*, pour DE LES *fruits ;* AU *hameau*, pour A LE *hameau ;* AUX *champs*, pour A LES *champs*.

47. Remarque. Au singulier, la contraction de l'article n'a lieu que devant un mot masculin commençant par une consonne ou un *h* aspiré.

Devoir sur l'article.

Le chardonneret. *Le* blaireau. *La* haine. *Le* cheveu. L'huître. *Le* hérisson. *Le* carnaval. *La* cornemuse. L'émail. L'aïeul. *Le* champignon. *Le* bouleau. *Le* caillou. L'abbaye. *La* tête. L'adieu. *Le* poitrail. *La* cathédrale. L'oisillon. *Le* hautbois. L'homme. L'aloyau. *Le* moyeu. *Le* bambou. L'hôpital. L'ombrage. *Le* groseillier. L'attirail. L'herbe. *Le* hareng. L'horloge. L'arsenal. *Le* hibou. *Le* ciel. *La* haie. L'auteur. *La* hauteur. L'éventail. L'honneur. *Le* poing. L'acajou.

Même devoir mis au pluriel.

Les chardonnerets. Les blaireaux. Les haines. Les cheveux. Les huîtres. Les hérissons. Les carnavals. Les cornemuses. Les émaux. Les aïeux. Les champignons. Les bouleaux. Les cailloux. Les abbayes. Les têtes. Les adieux. Les poitrails. Les cathédrales. Les oisillons. Les hautbois. Les hommes. Les aloyaux. Les moyeux. Les bambous. Les hôpitaux. Les ombrages. Les groseilliers. Les attirails. Les herbes. Les harengs. Les horloges. Les arsenaux. Les hiboux. Les cieux. Les haies. Les auteurs. Les hauteurs. Les éventails. Les honneurs. Les poings. Les acajous.

Chaque article est remplacé à la partie de l'élève par un tiret.

Le vent de *l'*ouest amène *la* pluie. *Le* sommet *des* hautes montagnes attire *la* foudre. *Les* fortes gelées ameublissent *la* terre et détruisent *les* insectes. *La* santé de *l'*esprit et *du* corps est *le* fruit de *la* tempérance. D'habiles tireurs font continuellement *la* chasse *aux* ours dans *les* Pyrénées. Evitez *le* mensonge, redoutez *la* colère, fuyez *l'*oisiveté et *les* mauvaises compagnies. *La* pudeur est *le* coloris de *la* vertu. *La* nature a *des* charmes pour tous *les* cœurs sensibles. *L*'amour *du* sol natal ne s'éteint jamais dans *le* cœur de *l*'homme. *L*'ambition cause souvent *le* malheur *des* hommes. *Le* travail et *la* patience surmontent bien *des* obstacles. *L*'addition est *la* première *des* opérations de *l*'arithmétique. *La* véritable supériorité est celle *des* vertus et *des* talents. *Le* cultivateur diligent part *aux* champs dès *la* pointe *du* jour. *L*'amitié fait *le* bonheur de *la* vie. *L*'amour de Dieu et *du* prochain est *l*'abrégé de *la* loi *des* chrétiens. On pardonne à *la* haine et jamais *au* mépris. *Les* fainéants savent toujours *l*'heure qu'il est. *L*'abandon dans *la* vieillesse est *le* sort *des* égoïstes. Celui qui donne *aux* pauvres place son argent dans *le* ciel. *Le* chant *du* coq matinal appelle *aux* travaux champêtres *les* habitants *des* campagnes.

L'élève fera passer les noms suivants successivement par chacune de ces trois formes :

1° Le, la, les.
2° Du, de la, des.
3° Au, à la, aux.

Age.	L'âge, de l'âge, à l'âge.
Prairie.	La prairie, de la prairie, à la prairie.
Prairies.	Les prairies, des prairies, aux prairies.
Marbre.	Le marbre, du marbre, au marbre.
Hutte.	La hutte, de la hutte, à la hutte.
Spectacle.	Le spectacle, du spectacle, au spectacle.
Œil.	L'œil, de l'œil, à l'œil.
Ecole.	L'école, de l'école, à l'école.
Journaux.	Les journaux, des journaux, aux journaux.
Dromadaire.	Le dromadaire, du dromadaire, au dromadaire.
Halte.	La halte, de la halte, à la halte.
Laie.	La laie, de la laie, à la laie.
Lait.	Le lait, du lait, au lait.
Itinéraire.	L'itinéraire, de l'itinéraire, à l'itinéraire.
Hanneton.	Le hanneton, du hanneton, au hanneton.
Hannetons.	Les hannetons, des hannetons, aux hannetons.
Baïonnette.	La baïonnette, de la baïonnette, à la baïonnette.
Maréchaux.	Les maréchaux, des maréchaux, aux maréchaux.
Balle.	La balle, de la balle, à la balle.
Existence.	L'existence, de l'existence, à l'existence.
Souricière.	La souricière, de la souricière, à la souricière.
Hâvre.	Le hâvre, du hâvre, au hâvre.
Harmonie.	L'harmonie, de l'harmonie, à l'harmonie.
Autruche.	L'autruche, de l'autruche, à l'autruche.
Genoux.	Les genoux, des genoux, aux genoux.
Fuseaux.	Les fuseaux, des fuseaux, aux fuseaux.
Fête.	La fête, de la fête, à la fête.
Faîte.	Le faîte, du faîte, au faîte.
Hotte.	La hotte, de la hotte, à la hotte.
Pins.	Les pins, des pins, aux pins.

EMPLOI DE L'APOSTROPHE.

48. L'apostrophe est un signe orthographique que l'on emploie avec certains mots, pour éviter le son désagréable qui résulterait de la rencontre, du choc de deux voyelles; c'est ainsi qu'au lieu de dire *le orgueil, la armée, le oiseau,* on dit et l'on écrit, en employant l'apostrophe, *l'orgueil, l'armée, l'oiseau.*

Dans ces exemples, on se sert de l'apostrophe, parce qu'en supprimant l'article il reste les mots français, *orgueil, armée, oiseau.* Mais on écrit sans apostrophe *lorsque, longueur, lanterne,* parce que la suppression de *l* initial ne laisse plus que les termes barbares *orsque, ongueur, anterne.*

Devoir sur l'apostrophe.

L'ignorance est sœur de *l'orgueil. L'automne* récompense les travaux du *laboureur.* La faim regarde à la porte de *l'homme laborieux.* La *lecture* est *l'aliment* de *l'esprit* et *l'antidote* de *l'ennui. L'impie* est seul dans *l'univers. L'opinion* est la suprême *législatrice.* Un *livre* où il n'y a que de *l'esprit* ne plaît pas *longtemps. L'Aurore* aux doigts de rose ouvre les portes de *l'Orient.* La ville de *Lorient* est renommée pour ses sardines. *Lorsque l'automne* arrive, *l'hirondelle* abandonne nos climats. *L'ambitieux* et *l'avare languissent* dans une extrême pauvreté. Qui juge *légèrement* se trompe *lourdement.* Un bon *livre* est un *legs* que *l'auteur* fait au genre humain. *L'égoïsme* est une *lèpre* morale. *L'adolescent* doit s'attacher au vieillard comme le *lierre* à *l'orme.* Un tyran est un *lion* en *liberté.* Le *lis* est *l'emblème* de *l'innocence.* A *l'œuvre* on connaît *l'artisan. L'âme* de *l'homme* est faite à *l'image* de Dieu, mais son corps est composé de *limon. L'écureuil* est si *léger,* qu'il saute au *lieu* de marcher. Examinez bien *l'hypocrite,* vous trouverez le *loup* sous *l'enveloppe* de *l'agneau.*

CHAPITRE TROISIÈME.

DE L'ADJECTIF.

49. L'*Adjectif* est un mot qui sert à qualifier ou à déterminer les noms.

50. Il y a deux sortes d'adjectifs :
Les adjectifs *qualificatifs* et les adjectifs *déterminatifs.*

ADJECTIFS QUALIFICATIFS.

51. L'adjectif *qualificatif* est un mot qui sert à exprimer la manière d'être, l'état, la *qualité* des personnes et des choses : *enfant* STUDIEUX, *tigre* CRUEL, *marbre* POLI.

Les mots *studieux, cruel, poli,* qui ajoutent une qualification aux substantifs *enfant, tigre, marbre,* sont des adjectifs qualificatifs.

52. On reconnaît, en général, qu'un mot est adjectif quand on peut y joindre *personne* ou *chose.* Ainsi, *modeste, agréable,* sont adjectifs, parce qu'on peut dire *personne modeste, chose agréable.*

ADJECTIFS DÉTERMINATIFS.

53. Les adjectifs *déterminatifs* sont ceux qui *déterminent* les noms en y ajoutant une idée d'*indication*, de *possession*, etc.

54. Il y a quatre sortes d'adjectifs déterminatifs : les adjectifs *démonstratifs*, les adjectifs *possessifs*, les adjectifs *numéraux*, et les adjectifs *indéfinis*.

Adjectifs démonstratifs.

55. Les adjectifs *démonstratifs* sont ceux qui déterminent les noms en y ajoutant une idée d'*indication*.

Masculin singulier.	Féminin singulier.	Pluriel des deux genres.
Ce.	*Cette.*	*Ces.*
Cet.		

56. Il y a deux formes pour le masculin singulier : la première, *ce*, s'emploie devant les mots qui commencent par une consonne ou un *h* aspiré : CE *tableau*, CE *héros;* la seconde, *cet*, s'emploie devant une voyelle ou un *h* muet : CET *enfant*, CET *habile homme.*

Les adjectifs en italique remplacent les tirets de la partie de l'élève.

Ce jardin, *cette* muraille, *cet* abîme, *cet* habit, *ces* arbres, *ces* estampes, *cette* statue, *ce* général, *cette* victoire, *ce* hibou, *cette* hache, *cette* image, *cette* haine, *ce* hangar, *cet* auteur, *cette* hauteur, *cet* écolier, *ces* écoliers, *ce* hussard, *cet* oiseau, *ce* bel oiseau, *ces* oiseaux, *cet* enfant, *ce* joli enfant, *cette* jolie enfant, *ces* jolis enfants, *cet* encrier, *cette* écritoire, *cet* emploi, *cette* hallebarde, *cet* œillet, *ce* hanneton. *Cette* prairie, *cet* étang et *ces* forêts dépendent de *ce* château. *Cet* ami, *ce* précieux ami, dont vous m'exaltiez le dévoûment, vous a indignement trompé dans *cette* circonstance malheureuse. *Cet* habit a été taillé sur *ce* patron. *Ce* ciel bleu, *cet* air pur, *ces* voûtes de verdure enchantaient mes regards.

Adjectifs possessifs.

57. Les adjectifs *possessifs* déterminent les noms en y ajoutant une idée de *possession*.

SINGULIER.		PLURIEL.
Masculin.	Féminin.	Des deux genres.
Mon.	*Ma.*	*Mes.*
Ton.	*Ta.*	*Tes.*
Son.	*Sa.*	*Ses,*

Des deux genres.

Notre.	*Nos.*
Votre.	*Vos.*
Leur.	*Leurs.*

58. Par euphonie, on emploie *mon, ton, son,* au lieu de *ma, ta, sa,* avant tout nom féminin qui commence par une voyelle ou un *h* muet : *mon âme, ton amitié, son habitude,* pour *ma âme, ta amitié, sa habitude.*

Dans le livre de l'élève, les possessifs en italique sont remplacés par des tirets.

Moïse disait à *son* peuple : Si vous honorez *vos* parents, *votre* vie sera longue. Mon enfant, si tu honores *tes* parents, *ta* vie sera longue. Heureux l'élève auquel *son* travail, *son* application et *sa* bonne conduite ont mérité l'affection de tous *ses* maîtres. Chaque âge a *ses* plaisirs. La tristesse a *ses* charmes, et la joie *son* amertume. Le rêve du méchant est *son* premier supplice; *sa* conscience lui reproche *son* crime, et le remords entre dans *son* cœur. Un bon père aime *ses* enfants, mais il n'aime pas *leurs* défauts. Un bon père aime *son* enfant, mais il n'aime pas *ses* défauts. Aimez vos enfants, mais n'aimez pas *leurs* défauts. L'araignée vit de *ses* filets comme le chasseur de *sa* chasse. Dieu accorde *ses* biens à ceux qui glorifient *son* nom, et qui mettent *leur* confiance en *sa* providence et en *son* infinie miséricorde. Le sage est celui qui ne s'écarte jamais de *ses* devoirs, qui dompte *sa* colère, et qui sait commander à *ses* passions. Le fils qui cultive la sagesse est la joie de *ses* parents, la lumière de *leurs* yeux, la consolation de *leur* vieillesse et l'espoir de *leur* postérité. Le lion a l'air noble; la hauteur de *ses* jambes est proportionnée à la longueur de *son* corps; l'épaisse et grande crinière qui couvre *ses* épaules et ombrage *sa* face; *son* regard assuré, *sa* démarche grave, tout semble annoncer *sa* fière et majestueuse intrépidité. Sa colère est terrible : il bat *ses* flancs avec *sa* queue, *sa* gueule s'entr'ouvre, *ses* yeux s'enflamment, *sa* crinière se hérisse, *ses* terribles griffes sortent de *leurs* gaînes; il est prêt à tout dévorer. N'oublions pas que Dieu pèsera *nos* actions dans *ses* mains. Une bonne mère ne vit que pour *ses* enfants; elle place *son* bonheur dans *leurs* succès. Le chien vient en rampant mettre aux pieds de *son* maître *son* courage, *sa* force, *ses* talents. Dieu dit à Adam : Tu arroseras la terre de *tes* sueurs; ce n'est qu'en la dépouillant de *ses* ronces et de *ses* épines que tu arracheras de *son* sein *ton* pain de chaque jour. Obéis à *ton* père et à *ta* mère, si tu veux qu'un jour tes enfants t'obéissent. Un enfant doit obéir à *son* père et à *sa* mère, s'il veut qu'un jour *ses* enfants lui obéissent. J'obéis à *mon* père et à *ma* mère, afin qu'un jour *mes* enfants m'obéissent.

Distinction entre l'adjectif possessif *ses* et l'adjectif démonstratif *ces*.

59. Les élèves confondent souvent l'adjectif possessif *ses* avec *ces*, adjectif démonstratif. *Ses*, marque la possession des objets dont on parle : *Le renard est fameux par* ses *ruses. La poule réchauffe* ses *poussins sous* ses *ailes.*

Ces, exprime une idée d'indication : Ces *fleurs sont aussi fraîches qu'hier.*

Remarque. Ces deux mots peuvent aussi se reconnaître par la différence de leur singulier : *ces* a pour singulier *ce, cet,* et *ses* a pour singulier *son, sa.*

Devoir sur la distinction de l'adjectif démonstratif ces *et de l'adjectif possessif* ses.

Ces livres sont instructifs. La lionne défend courageusement *ses* petits. Un bon fils doit chérir *ses* parents. Le renard dit au corbeau :

Vous êtes le phénix des hôtes de *ces* bois. Le singe amuse par *ses* tours. *Ces* plumes sont mal taillées. *Ces* dessins appartiennent à Paul. Jésus dit à *ses* disciples : Laissez venir à moi *ces* petits enfants. Dieu sauva du déluge Noé et *ses* enfants. Le Nil prend sa source dans *ces* contrées brûlantes de l'Afrique, où le soleil darde perpendiculairement *ses* rayons *Ces* moissons dorées, qui couvrent *ces* riches campagnes, récompensent le laboureur de *ses* rudes travaux. La guerre a répandu *ses* ravages dans *ces* provinces jadis si florissantes. Il faut de *ses* amis endurer quelque chose. L'homme véritablement heureux est celui qui commande à *ses* passions. Votre fils compte parmi *ses* amis *ces* jeunes libertins, qui ne peuvent que pervertir *ses* penchants et corrompre *ses* mœurs. L'animal est d'autant plus parfait que *ses* sens sont meilleurs. *Ces* forêts gigantesques, *ces* immenses cataractes de l'Amérique septentrionale, étonnaient mes regards. Dieu a créé de *ses* puissantes mains *ces* innombrables soleils qui brillent dans l'espace. L'insensé Boccboris avait, par *ses* violences, causé une révolte de *ses* sujets, et allumé la guerre civile dans *ses* États. Dans *ces* plages désertes, dans *ces* tristes contrées où l'homme n'a jamais dirigé *ses* pas, la terre, surchargée d'arbres rompus et pourris, semble gémir sous le poids de *ses* productions. Le chien annonce par *ses* mouvements et par *ses* cris l'impatience de combattre et le désir de vaincre.

Adjectifs numéraux.

60. Les adjectifs *numéraux* sont ceux qui déterminent les noms en y ajoutant, soit une idée de *quantité*, soit une idée de *rang*.

61. De là deux espèces d'adjectifs numéraux : les numéraux *cardinaux*, qui marquent la *quantité* : *un, deux, trois, dix, vingt, cent*; etc., — et les numéraux *ordinaux*, qui marquent l'ordre, le *rang* : *premier, deuxième, troisième, dixième, vingtième, centième*, etc.

Les adjectifs en italique sont représentés au livre de l'élève par des tirets.

L'année a *trois cent soixante-cinq* ou *trois cent soixante-six* jours, environ *cinquante-deux* semaines, *douze* mois et *quatre* saisons. Chaque saison comprend *trois* mois. Il y a dans l'année sept mois qui ont *trente et un* jours; ce sont les mois de janvier, mars, mai, juillet, août, octobre, décembre. Il y a dans l'année *quatre* mois qui ont *trente* jours; ce sont les mois d'avril, juin, septembre, novembre. Février ne compte ordinairement que *vingt-huit* jours. Tous les *quatre* ans, c'est-à-dire à chaque année bissextile, février a *vingt-neuf* jours. Novembre est le *onzième* mois de l'année. Le mot novembre signifie *neuf* : autrefois l'année commençait au mois de mars. Il y a *sept* jours dans une semaine. Le samedi est le dernier, c'est-à-dire le *septième* jour de la semaine. Le jour vaut *vingt-quatre* heures. L'heure vaut *soixante* minutes; l'heure est donc la *vingt-quatrième* partie du jour, et la minute la *soixantième* partie de l'heure. Nous avons *une* bouche, *deux* oreilles, *deux* yeux, *deux* mains et *cinq* doigts à chaque main. Les bottes de *sept* lieues firent la fortune du Petit-Poucet. On redoute généralement de se trouver *treize* personnes à table; c'est un préjugé. Il y a *sept* péchés capitaux et *trois* vertus théologales. Fontenelle vécut un siècle; il mourut donc à l'âge de *cent* ans. A midi et à minuit les horloges frappent *douze* coups. Il y a *quatre* opérations fondamentales en arithmétique, environ *cent mille* mots dans la langue française, *dix* espèces de mots dans le discours, et *vingt-cinq* lettres dans notre alphabet : *six* voyelles et *dix-neuf* consonnes. Le sou vaut *cinq* centimes. Le centime est la *cinquième* partie du sou. Benjamin était le *douzième* fils de Jacob. Un trident est une fourche à *trois* dents. Les bipèdes sont des animaux à *deux* pieds, les quadrupèdes des animaux à *quatre* pieds, et les tricornes des chapeaux à *trois* cornes. Sur douze exagérés, on trouve deux fous, trois sots et *sept* hypocrites.

Adjectifs indéfinis.

62. Les adjectifs *indéfinis* sont ceux qui déterminent les noms d'une manière *vague* et *générale*. Ce sont :

Un, tel, quel, certain, aucun, nul, chaque, maint, même, quelque, tout, autre, plusieurs, quelconque.

L'élève analysera les adjectifs déterminatifs.

On donne *cent* bouches à la Renommée. Demandons à Dieu *nôtre* pain de *chaque* jour. Juda est le *quatrième* fils des *douze* enfants de Jacob. Presque *toutes nos* espérances sont trompeuses. *Maints* oiseaux de proie ont des serres redoutables On dit proverbialement : *Tel* père, *tel* fils. Charlemagne et Napoléon, *quels* hommes ! *Certain* renard gascon vit au haut d'*une* treille des raisins mûrs. *Nulle* paix pour l'impie. *Vingt* fois sur le métier remettez *votre* ouvrage. La charité vaut *toutes* les *autres* vertus. Ramassez *une* épingle *chaque* jour, vous aurez *huit* sous au bout de l'année. *Toute* habileté dans un art *quelconque* mérite des éloges. L'âne a, comme *tous* les *autres* animaux, *sa* famille, *son* espèce et *son* rang. *Cet* étang, *ces* bois et *ces* prairies dépendent de *ce* château.

Cent,	adj. num. card., fém. plur., dét. *bouches.*
Notre,	adj. poss., masc. sing., dét. *pain.*
Chaque,	adj. ind., masc. sing., dét. *jour.*
Quatrième,	adj. num. ord., masc. sing., dét. *fils.*
Douze,	adj. num. card., masc. plur., dét. *enfants.*
Toutes,	adj. ind., fém. plur., dét. *espérances.*
Nos,	adj. poss., fém. plur., dét. *espérances.*
Maints,	adj. ind., masc. plur., dét. *oiseaux.*
Tel,	adj. ind., masc. sing , dét. *père.*
Tel,	adj. ind., masc. sing., dét. *fils.*
Quels,	adj. ind., masc. plur., dét. *hommes.*
Certain,	adj. ind., masc. sing.. dét. *renard.*
Une,	adj. ind., fém. sing., dét. *treille.*
Nulle,	adj. ind., fém. sing., dét. *paix.*
Vingt,	adj. num. card., fém. plur., dét. *fois.*
Votre,	adj. poss., masc. sing., dét. *ouvrage.*
Toutes,	adj. ind., fém. plur., dét. *vertus.*
Autres,	adj. ind., fém. plur., dét. *vertus.*
Une,	adj. num. card. (1), fém. sing., dét. *épingle.*
Chaque,	adj. ind., masc. sing., dét. *jour.*

---

(1) Voir notre *Traité d'analyse grammaticale,* page 19.

Huit,	adj. num. card., masc. plur., dét. *sous.*
Toute,	adj. ind., fém. sing., dét. *habileté.*
Quelconque,	adj. ind., masc. sing., dét. *art.*
Tous,	adj. ind., masc. plur., dét. *animaux.*
Autres,	adj. ind., masc. plur., dét. *animaux.*
Sa,	adj. poss., fém. sing., dét. *famille.*
Son,	adj. poss., fém. sing., dét. *espèce.*
Son,	adj. poss., masc. sing., dét. *rang.*
Cet,	adj. dém., masc. sing., dét. *étang.*
Ces,	adj. dém., masc. plur., dét. *bois.*
Ces,	adj. dém., fém. plur., dét. *prairies.*
Ce,	adj. dém., masc. sing., dét. *château.*

FORMATION DU FÉMININ DANS LES ADJECTIFS.

63. Pour mettre un adjectif au féminin, il faut ajouter un *e* muet au masculin. Ex. : Un *homme poli,* une *femme* polie ; un *océan glacial,* une *mer glaciale.*

64. Si l'adjectif est terminé au masculin par un *e* muet, comme *honnête, sobre, habile,* il ne change pas au féminin.

L'élève mettra au féminin les adjectifs suivants :

Joli.	Jolie.	Egal.	Egale.
Sensé.	Sensée.	Original.	Originale.
Bavard.	Bavarde.	Aimé.	Aimée.
Sûr.	Sûre.	Escarpé.	Escarpée.
Sourd.	Sourde.	Odoriférant.	Odoriférante.
Noir.	Noire.	Rusé.	Rusée.
Gris.	Grise.	Têtu.	Têtue.
Bleu.	Bleue.	Touffu.	Touffue.
Obscur.	Obscure.	Sucré.	Sucrée.
Fertile.	Fertile.	Tendre.	Tendre.
Prodigue.	Prodigue.	Mûr.	Mûre.
Sain.	Saine.	Obtus.	Obtuse.
Saint.	Sainte.	Perclus.	Percluse.
Brillant.	Brillante.	Exquis.	Exquise.
Solide.	Solide.	Compacte.	Compacte.
National.	Nationale.	Exact.	Exacte.
Français.	Française.	Intrépide.	Intrépide.
Espagnol.	Espagnole.	Pointu.	Pointue.
Honnête.	Honnête.	Souple.	Souple.
Bizarre.	Bizarre.	Sale.	Sale.
Délicat.	Délicate.	Triste.	Triste.
Sincère.	Sincère.	Matinal.	Matinale.
Soumis.	Soumise.	Loyal.	Loyale.
Obéissant.	Obéissante.	Zélé.	Zélée.
Excellent.	Excellente.	Charitable.	Charitable.
Gai.	Gaie.	Niais.	Niaise.
Brut.	Brute.	Vert.	Verte.
Certain.	Certaine.	Pervers.	Perverse.
Parfait.	Parfaite.	Vain.	Vaine.
Pauvre.	Pauvre.	Divin.	Divine.
Innocent.	Innocente.	Circonspect.	Circonspecte.
Vrai.	Vraie.		

65. Les adjectifs terminés au masculin par *el, eil, en, et, on,* doublent au féminin la consonne finale et ajoutent l'*e* muet : *éternel, éternelle ; vermeil, vermeille ; ancien, ancienne ; cadet, cadette : bon, bonne.*

66. Cependant six adjectifs en *et, complet, concret, discret, inquiet, replet, secret,* ne doublent pas la consonne et prennent un accent grave sur l'*e* qui précède le *t : complète, concrète, discrète, inquiète, replète, secrète.*

67. Les adjectifs *nul, épais, gros, gentil,* doublent aussi la consonne finale devant l'*e* muet : *nulle, épaisse, grosse, gentille.*

68. *Bas, gras, las, sot, vieillot, paysan,* font *basse, grasse, lasse, sotte, vieillotte, paysanne.*

69. Les autres adjectifs en *as, ot, an,* ne redoublent pas au féminin la consonne finale : *ras, rase — dévot, dévote — sultan, sultane.*

L'élève mettra au féminin les adjectifs suivants :

Habituel.	Habituelle .	Mérovingien.	Mérovingienne.
Chrétien.	Chrétienne.	Inquiet.	Inquiète.
Muet.	Muette.	Magicien.	Magicienne.
Tel.	Telle.	Aigrelet.	Aigrelette.
Coquet.	Coquette.	Européen.	Européenne.
Complet.	Complète.	Musulman.	Musulmane.
Bas.	Basse.	Manchot.	Manchote.
Cruel.	Cruelle.	Réel.	Réelle.
Mignon.	Mignonne.	Secret.	Secrète.
Paternel.	Paternelle.	Glouton.	Gloutonne.
Païen.	Païenne.	Violet.	Violette.
Douillet.	Douillette.	Net.	Nette.
Replet.	Replète.	Incomplet.	Incomplète.
Gras.	Grasse.	Concret.	Concrète.
Italien.	Italienne.	Parisien.	Parisienne.
Musicien	Musicienne.	Criminel.	Criminelle.
Mitoyen.	Mitoyenne.	Poltron.	Poltronne.
Nul.	Nulle.	Officiel.	Officielle.
Annuel.	Annuelle.	Véniel.	Vénielle.
Quotidien.	Quotidienne.	Mensuel.	Mensuelle.
Las.	Lasse.	Gentil.	Gentille.
Pareil.	Pareille.	Solennel.	Solennelle.
Epais.	Epaisse.	Aérien.	Aérienne.
Indiscret.	Indiscrète.	Mutuel.	Mutuelle.
Naturel.	Naturelle.	Gros.	Grosse.
Mahométan.	Mahométane.	Universel.	Universelle.
Sujet.	Sujette.	Vieillot.	Vieillotte.
Bouffon.	Bouffonne.	Bigot.	Bigote.
Superficiel.	Superficielle.	Paysan.	Paysanne.
Cagot.	Cagote.	Courtisan.	Courtisane.
Discret.	Discrète.	Persan.	Persane.
Fluet.	Fluette.	Chananéen.	Chananéenne.
Nabot.	Nabote.	Citoyen.	Citoyenne.

70. Les adjectifs terminés par *f* changent au féminin cette consonne en *ve : vif, vive ; neuf, neuve.*

71. Les adjectifs en *x* changent au féminin *x* en *se : honteux, honteuse*. Il faut excepter *doux, faux, roux*, qui font au féminin, *douce, fausse, rousse*.

72. Les adjectifs terminés au masculin en *er* forment leur féminin régulièrement, et prennent un accent grave sur l'avant-dernier *e : léger, légère; entier, entière*, etc.

73. Les adjectifs terminés en *gu* au masculin prennent au féminin un *e* surmonté d'un tréma : *aigu, ambigu, contigu, exigu; aiguë, ambiguë, contiguë, exiguë*. Sans le tréma, la finale *gue* serait muette, comme dans *figue, sarigue*.

L'élève mettra les adjectifs suivants au féminin :

Instructif.	Instructive.	Amer.	Amère.
Heureux.	Heureuse.	Vertueux.	Vertueuse.
Meurtrier.	Meurtrière.	Victorieux.	Victorieuse.
Affectueux.	Affectueuse.	Laborieux.	Laborieuse.
Aigu.	Aiguë.	Fier.	Fière.
Doux.	Douce.	Attentif.	Attentive.
Maladif.	Maladive.	Fougueux.	Fougueuse.
Sauf.	Sauve.	Délicieux.	Délicieuse.
Boiteux.	Boiteuse.	Régulier.	Régulière.
Premier.	Première.	Captif.	Captive.
Capricieux.	Capricieuse.	Peureux.	Peureuse.
Belliqueux.	Belliqueuse.	Familier.	Familière.
Plaintif.	Plaintive.	Oisif.	Oisive.
Curieux.	Curieuse.	Sablonneux.	Sablonneuse.
Jaloux.	Jalouse.	Pieux.	Pieuse.
Dangereux.	Dangereuse.	Expressif.	Expressive.
Passager.	Passagère.	Altier.	Altière.
Tardif.	Tardive.	Merveilleux.	Merveilleuse.
Bref.	Brève.	Hargneux.	Hargneuse.
Hideux.	Hideuse.	Affirmatif.	Affirmative.
Hâtif.	Hâtive.	Négatif.	Négative.
Faux.	Fausse.	Paresseux.	Paresseuse.
Joyeux.	Joyeuse.	Coutumier.	Coutumière.
Ambigu.	Ambiguë.	Juif.	Juive.
Orageux.	Orageuse.	Guerrier.	Guerrière.
Rétif.	Rétive.	Superstitieux.	Superstitieuse.
Précieux.	Précieuse.	Religieux.	Religieuse.
Veuf.	Veuve.	Grimacier.	Grimacière.
Naïf.	Naïve.	Morveux.	Morveuse.
Vénéneux.	Vénéneuse.	Harmonieux.	Harmonieuse.
Grossier.	Grossière.	Roux.	Rousse.
Poussif.	Poussive.	Fugitif.	Fugitive.
Contigu.	Contiguë.	Carnassier.	Carnassière.
Généreux.	Généreuse.	Industrieux.	Industrieuse.
Cher.	Chère.	Lucratif.	Lucrative.
Somptueux.	Somptueuse.	Ménager.	Ménagère.
Pensif.	Pensive.	Ambitieux.	Ambitieuse.

74. Les adjectifs en *eur* forment en général leur féminin par le changement de *eur* en *euse* : *parleur, parleuse; boudeur, boudeuse*.

75. La plupart des adjectifs en *teur* changent au féminin *teur* en *trice* : *persécuteur, persécutrice; accusateur, accusatrice; protecteur, protectrice.*

76. Première remarque. *Enchanteur, pécheur, vengeur,* changent *eur* en *eresse* : *enchanteresse, pécheresse, vengeresse.*

77. Deuxième remarque. *Majeur, meilleur, mineur,* et les adjectifs terminés par *érieur,* comme *extérieur, inférieur, supérieur,* suivent la règle générale : *majeure, meilleure, mineure; — extérieure, inférieure, supérieure.*

78. Voici quelques adjectifs dont le féminin est très-irrégulier :

Blanc, franc, sec, frais, font *blanche, franche, sèche, fraîche.*

Public, caduc, turc, grec, font *publique, caduque, turque, grecque.*

Long, oblong, bénin, malin, font *longue, oblongue, bénigne, maligne.*

Favori, coi, font *favorite, coite.*

Beau, nouveau, fou, mou, vieux, font au féminin *belle, nouvelle, folle, molle, vieille.*

Remarque. Devant un mot commençant par une voyelle ou un *h* muet, par raison d'euphonie, c'est-à-dire pour éviter un hiatus, *beau, nouveau, fou, mou, vieux,* se changent en *bel, nouvel, fol, mol, vieil : bel* enfant, *nouvel* appartement, *fol* espoir, *mol* édredon, *vieil* homme.

L'élève mettra les adjectifs suivants au féminin :

Querelleur.	Querelleuse.	Débiteur.	Débitrice.
Majeur.	Majeure.	Intérieur.	Intérieure.
Louangeur.	Louangeuse.	Instituteur.	Institutrice.
Interlocuteur.	Interlocutrice.	Adulateur.	Adulatrice.
Usurpateur.	Usurpatrice.	Accusateur.	Accusatrice.
Voyageur.	Voyageuse.	Créateur.	Créatrice.
Causeur.	Causeuse.	Danseur.	Danseuse.
Exécuteur.	Exécutrice.	Joueur.	Joueuse.
Meilleur.	Meilleure.	Conducteur.	Conductrice.
Antérieur.	Antérieure.	Quêteur.	Quêteuse.
Inspecteur.	Inspectrice.	Radoteur.	Radoteuse.
Cardeur.	Cardeuse.	Dénonciateur.	Dénonciatrice.
Chanteur.	Chanteuse.	Imitateur.	Imitatrice.
Extérieur.	Extérieure.	Rapporteur.	Rapporteuse.
Enchanteur.	Enchanteresse.	Consolateur.	Consolatrice.
Inventeur.	Inventrice.	Inférieur.	Inférieure.
Bienfaiteur.	Bienfaitrice.	Admirateur.	Admiratrice.
Pécheur.	Pécheresse.	Rêveur.	Rêveuse.
Pêcheur.	Pêcheuse.	Corrupteur.	Corruptrice.
Parleur.	Parleuse.	Calomniateur.	Calomniatrice.
Emprunteur.	Emprunteuse.	Ultérieur.	Ultérieure.
Flatteur.	Flatteuse.	Opérateur.	Opératrice.
Supérieur.	Supérieure.	Directeur.	Directrice.
Acteur.	Actrice.	Rieur.	Rieuse.
Lecteur.	Lectrice.	Fondateur.	Fondatrice.
Liseur.	Liseuse.	Rôdeur.	Rôdeuse.
Mineur.	Mineure.	Libérateur.	Libératrice.
Glaneur.	Glaneuse.	Vengeur.	Vengeresse.
Grondeur.	Grondeuse.	Observateur.	Observatrice.
Donateur.	Donatrice.	Boudeur.	Boudeuse.

Vendangeur.	Vendangeuse.	Franc.	Franche.
Réparateur.	Réparatrice.	Frais.	Fraîche.
Moqueur.	Moqueuse.	Turc.	Turque.
Pleureur.	Pleureuse.	Grec.	Grecque.
Spectateur.	Spectatrice.	Long.	Longue.
Dormeur.	Dormeuse.	Malin.	Maligne.
Nouveau.	Nouvelle.	Favori.	Favorite.
Mou.	Molle.	Coi.	Coite.
Vieux.	Vieille.		

Récapitulation orthographique.

L'élève traduira le devoir suivant au féminin :

Masculin.	Féminin.	Masculin.	Féminin.
Cet.	Cette.	Meilleur.	Meilleure.
Aucun.	Aucune.	Trompeur.	Trompeuse.
Nul.	Nulle.	Délateur.	Délatrice.
Tel.	Telle.	Exécuteur.	Exécutrice.
Quel.	Quelle.	Ambigu.	Ambiguë.
Vrai.	Vraie.	Altier.	Altière.
Certain.	Certaine.	Loyal.	Loyale.
Aimable.	Aimable.	Enchanteur.	Enchanteresse.
Commode.	Commode.	Artificiel.	Artificielle.
Cruel.	Cruelle.	Mignon.	Mignonne.
Jovial.	Joviale.	Faux.	Fausse.
Sujet.	Sujette.	Sec.	Sèche.
Discret.	Discrète.	Neuf.	Neuve.
Appréciateur.	Appréciatrice.	Médisant.	Médisante.
Dispensateur.	Dispensatrice.	Courtisan.	Courtisane.
Postérieur.	Postérieure.	Constant.	Constante.
Matinal.	Matinale.	Mahométan.	Mahométane.
Tyrien.	Tyrienne.	Touffu.	Touffue.
Vermeil.	Vermeille.	Confus.	Confuse.
Fripon.	Friponne.	Bon.	Bonne.
Vieillot.	Vieillotte.	Vagabond.	Vagabonde.
Inquiet.	Inquiète.	Sain.	Saine.
Craintif.	Craintive.	Saint.	Sainte.
Courageux.	Courageuse.	Long.	Longue.
Doux.	Douce.	Blond.	Blonde.
Roux.	Rousse.	Bouffon.	Bouffonne.
Inférieur.	Inférieure.	Profond.	Profonde.

L'élève traduira le devoir suivant au féminin :

Masculin.	Féminin.	Masculin.	Féminin.
Beau.	Belle.	Bleu.	Bleue.
Paysan.	Paysanne.	Vicieux.	Vicieuse.
Anglican.	Anglicane.	Adoptif.	Adoptive.
Sec.	Sèche.	Franc.	Franche.
Obscur.	Obscure.	Pâlot.	Pâlote.
Galiléen.	Galiléenne.	Sot.	Sotte.
Prussien.	Prussienne.	Idiot.	Idiote.
Correct.	Correcte.	Gras.	Grasse.

Masculin.	Féminin.	Masculin.	Féminin.
Ras.	Rase.	Boulanger.	Boulangère.
Epais.	Epaisse.	Prêt.	Prête.
Frais.	Fraîche.	Scélérat.	Scélérate.
Mauvais.	Mauvaise.	Humain.	Humaine.
Public.	Publique.	Bénin.	Bénigne.
Castillan.	Castillane.	Enfantin.	Enfantine.
Concitoyen.	Concitoyenne.	Final.	Finale.
Caduc.	Caduque.	Velu.	Velue.
Ingrat.	Ingrate.	Diffus.	Diffuse.
Plat.	Plate.	Brun.	Brune.
Subtil.	Subtile.	Défunt.	Défunte.
Gentil.	Gentille.	Impartial.	Impartiale.
Docile.	Docile.	Consolateur.	Consolatrice.
Oisif.	Oisive.	Menteur.	Menteuse.
Guerrier.	Guerrière.	Persécuteur.	Persécutrice.

Devoir mis au féminin.

Roi absolu.	Volonté absolue.
Désir inquiet.	Ardeur inquiète.
Principe fécond.	Contrée féconde.
Bras puissant.	Ville puissante.
Défaut secret.	Haine secrète.
Corps velu.	Jambe velue.
Délai bref.	Parole brève.
Caractère altier.	Humeur altière.
Travail continuel.	Toux continuelle.
Geste éloquent.	Page éloquente.
Goût exquis.	Sensibilité exquise.
Pain quotidien.	Leçon quotidienne.
Pays lointain.	Expédition lointaine.
Froid glacial.	Pluie glaciale.
Son aigu.	Voix aiguë.
Esprit rêveur.	Imagination rêveuse.
Discours ambigu.	Phrase ambiguë.
Habit neuf.	Robe neuve.
Plaisir nouveau.	Chanson nouvelle.
Enfant capricieux.	Fortune capricieuse.
Mensonge vil.	Fourberie vile.
Oiseau captif.	Reine captive.
Brouillard épais.	Forêt épaisse.
Génie producteur.	Industrie productrice.
Champ productif.	Terre productive.
Luxe princier.	Maison princière.
Fil conducteur.	Main conductrice.
Fleuve rapide.	Pente rapide.

Devoir à traduire au féminin.

Masculin.	Féminin.
Œuf frais.	Boisson fraîche.
Caractère léger.	Plume légère.
Teint vermeil.	Pêche vermeille.
Ami précieux.	Médiocrité précieuse.

Masculin.	*Féminin.*
Pied mignon.	Main mignonne.
Sirop pectoral.	Tisane pectorale.
Abandon cruel.	Faim cruelle.
Bras fluet.	Colonne fluette.
Chêne touffu.	Branche touffue.
Succès douteux.	Réussite douteuse.
Tour grammatical.	Analyse grammaticale.
Beau pays.	Belle saison.
Faux témoignage.	Fausse signature.
Caractère mou.	Cire molle.
Esprit naturel.	Gaîté naturelle.
Mensonge hideux.	Figure hideuse.
Bouton printanier.	Fleur printanière.
Chien vigilant.	Mère vigilante.
Ton plaintif.	Voix plaintive.
Secours mutuel.	École mutuelle.
Vaisseau turc.	Nation turque.

Devoir mis au féminin.

La clé du pupitre *perdue.* La clé du pupitre *noir.* La langue du cœur est la langue *universelle.* Une joie *secrète* n'est presque jamais une joie *complète.* Ma *chère* mère, je serai docile, *attentive, studieuse, aimante* et *obéissante,* afin que vous soyez toujours *satisfaite* de votre *petite* fille. Les hommes ont cru pendant longtemps que la terre était *plate;* nous savons maintenant qu'elle est *ronde.* La fauvette est *vive* et *légère.* Le cœur d'une *bonne* mère se remplit d'une *douce* joie, quand elle voit régner l'union *fraternelle* entre ses enfants. La tourbe est une substance combustible, *spongieuse* et noirâtre. Le travail est la *vraie* source du bonheur. Cette *jolie* feuille de papier si *blanche,* si *légère* et cependant si solide, est faite avec de vieux morceaux de chiffons. L'éponge est une substance flexible, *molle* et *poreuse,* qui absorbe l'eau avec une très-*grande* avidité. La puissance *humaine* est bien *impuissante* quand elle ne s'appuie pas sur la vertu. Une *mauvaise* action rend la conscience *inquiète.* N'écoutez point une *première* pensée qui vous presse d'agir; ce n'est souvent qu'une *fausse* lueur qui éblouit; en la suivant, on risque de tomber dans une faute toujours *fâcheuse* et souvent irréparable. Ne vous liez jamais avec une personne d'une probité *suspecte.*

Devoir mis au féminin.

Une figure *douce* est une *bonne* recommandation. Dans les campagnes, les paysans attribuent faussement à la lune *rousse* une *fâcheuse* influence. La langue est la *meilleure* et la pire des choses. Évitez la plaisanterie *personnelle :* plus elle est *ingénieuse* et *spirituelle,* plus la blessure qu'elle fait est *profonde.* Une personne *vaine* et *orgueilleuse* se fait toujours haïr. Une personne *médisante* est une véritable peste *publique,* qui divise les amis et trouble les membres de la famille la plus *unie* et la plus paisible. J'ai fait une *bonne* récolte, la tienne est *mauvaise :* soyons de moitié. La sagesse est plus *précieuse* que la science. La pièce de terre du paresseux est *improductive.* La joie est plus *vive* quand elle est *partagée* avec des amis. La charité est *patiente;* elle est *douce* et *bienfaisante;* elle n'est point *envieuse* ni *orgueilleuse.*

Que la campagne est *belle!* que l'herbe est *verte!* Il était une dame riche et *puissante;* son âme était aussi *belle* que sa fortune était *grande;* elle passait sa vie *entière* à faire le bien. La *mauvaise* récolte qui suit la récolte *abondante* nous apprend la sagesse et la prudence. La poule est tendre et *soigneuse* pour sa *chère* couvée. Le commerce est une profession utile et *lucrative.* Sauce d'appétit est la *meilleure.* Nous devons à nos parents une obéissance *entière,* une *pleine* confiance et une *vive* reconnaissance. Comme cette rose *blanche* est *fraîche* et *odorante!*

FORMATION DU PLURIEL DANS LES ADJECTIFS.

79. On forme le pluriel d'un adjectif en ajoutant la lettre *s* au singulier : Un *enfant intelligent,* des *enfants intelligents;* l'armée *triomphante,* les armées *triomphantes.*

80. Les adjectifs terminés au singulier par *s* ou *x* ne changent pas au pluriel : un *vin exquis,* des *vins exquis;* un *fruit délicieux,* des *fruits délicieux.*

81. Les adjectifs en *eau* prennent *x* au pluriel : *beau, jumeau, nouveau; beaux, jumeaux, nouveaux.*

82. La plupart des adjectifs en *al* changent au pluriel masculin cette finale en *aux* : Un *homme loyal,* des *hommes* loy**aux** ; un *livre moral,* des *livres* mor**aux** ; un *chemin vicinal,* des *chemins* vicin**aux.**

83. Mais, s'ils sont peu usités au masculin pluriel, ils prennent un *s* : des *événements fatals,* des *combats navals,* des *repas frugals* (1).

Devoir à mettre au pluriel :

Singulier.	Pluriel.	Singulier.	Pluriel.
Instruit.	Instruits.	Déloyal.	Déloyaux.
Instruite.	Instruites.	Prudent.	Prudents.
Chétif.	Chétifs.	Électoral.	Electoraux.
Chrétien.	Chrétiens.	Epars.	Epars.
Universel.	Universels.	Faux.	Faux.
Premier.	Premiers.	Filial.	Filials.
Epais.	Epais.	Complet.	Complets.
Jaloux.	Jaloux.	Équilatéral.	Equilatéraux.
National.	Nationaux.	Fondamental.	Fondamentaux.
Nationale.	Nationales.	Sournois.	Sournois.
Rural.	Ruraux.	Vieux.	Vieux.
Baptismal.	Baptismaux.	Jovial.	Jovials.
Amical.	Amicals.	Grammatical.	Grammaticaux.
Beau.	Beaux.	Bas.	Bas.
Inquiet.	Inquiets.	Gai.	Gais.

(1) Les adjectifs en *al* formant une des difficultés de l'orthographe usuelle, nous donnons les suivants, qui prennent un *s* au masculin pluriel : *amical, banal, buccal, colossal, filial, final, glacial, initial, jovial, matinal, pascal, sentimental, théâtral;* qui font *amicals, banals,* etc.

Singulier.	Pluriel.	Singulier.	Pluriel.
Méridional.	Méridionaux.	Social.	Sociaux.
Musical.	Musicaux.	Frileux.	Frileux.
Gris.	Gris.	Quel.	Quels.
Lourd.	Lourds.	Sentimental.	Sentimentals
Légal.	Légaux.	Brutal.	Brutaux.
Principal.	Principaux.	Impérial.	Impériaux.
Réel.	Réels.	Doux.	Doux.
Nu.	Nus.	Médical.	Médicaux.
Mauvais.	Mauvais.	Vicieux.	Vicieux.
Provincial.	Provinciaux.	Original.	Originaux.
Français.	Français.	Tiède.	Tièdes.
Royal.	Royaux.	Vaillant.	Vaillants.
Glacial.	Glacials.	Nouveau.	Nouveaux.
Vicinal.	Vicinaux.	Semblable.	Semblables.
Confus.	Confus.	Pascal.	Pascals.
Serein.	Sereins.	Pronominal.	Pronominaux.
Dédaigneux.	Dédaigneux.		

Devoir mis au pluriel.

Des événements fatals.
Des nuits fatales.
Des tours grammaticaux.
Des tournures grammaticales.
Les belles matinées.
Des sols légers.
Les parfums orientaux.
Des terrains argileux.
Des soins assidus.
Des arbrisseaux résineux.
Les ponts suspendus.
Des juifs errants.
Des juives errantes et fugitives.
Ces détails fastidieux.
Des baux ruineux.
Des travaux arides.
Des sentiments filials.
Des juges impartiaux.
Des végétaux prodigieux.
Des médecines végétales.
Des joies infernales.
Les monstres infernaux.
Des palais royaux.
Des maisons royales.
Des adieux déchirants,
Les sous rouillés.
Des chevaux ombrageux.
Des feux follets.
Ces vilains menteurs.
Ces vieilles grondeuses.
Mes bons messieurs.
Voilà des vents glacials.
Quels hommes trivials !
Ces beaux livres nouveaux.

Tes beaux habits.
Ses chers frères.
Mes vieux amis.
Vos nouveaux appartements.
Les petits lapins blancs.
Mes seuls désirs.
Les coqs vigilants et matinals.
Les abeilles laborieuses et les frelons paresseux.
Leurs vieux murs croulés.
Quelques bons et discrets amis.
Certaines petites fleurs bleues.
Les cieux bleus et azurés.

Devoir mis au pluriel.

Nos journaux curieux et instructifs.
Ces jeunes personnes timides et embarrassées.
Ces jeunes généraux victorieux et modestes.
Les soupiraux obscurs et profonds.
Des nuits obscures et profondes.
Voilà des personnes franches et loyales.
Les provinciaux crédules, trompés par ces adroits filous.
Des frères vendus par leurs frères.
Les feux éblouissants des diamants précieux.
Ces droits féodaux abolis par des édits royaux.
Des sons musicaux produits par ces roseaux creux et desséchés.
De gros nez rouges, camus, et très-originaux.
Ces combats navals glorieux et décisifs.
Les beaux vaisseaux des amiraux victorieux.
Les basses flatteries, régals exquis des sots.
Les locaux spacieux de ces colléges communaux.
Les matous gourmands et paresseux.
Des vertus, bijoux précieux.
Ces cheveux noirs, longs et soyeux.
Les brebis égarées des bons pasteurs.
Nos petits logements, vrais bijoux.

Devoir mis au pluriel.

Les océans glacials explorés par ces navigateurs intrépides. Les acajous, arbres exotiques très-utiles aux ébénistes. Les condamnés repentants, assistés à leurs derniers moments par les ecclésiastiques vertueux. Les travaux des cantonniers, indispensables aux chemins vicinaux et aux routes départementales. Les costumes originaux des petits arlequins enjoués, spirituels et jovials. Les gentilles hirondelles, messagères fidèles des belles saisons. Les chevaux, animaux nobles, fougueux et intrépides. Les ânes, animaux doux, patients, très-sobres, très-utiles aux habitants des campagnes, mais très-obstinés. Les hiboux, oiseaux nocturnes, hideux, ennemis déclarés des rats carnassiers et des souris alertes. Les affreuses chenilles sur les belles fleurs. Les couleurs diaprées des gentils oiseaux. Les fils prodigues des pères avares. Les remords rongeurs des méchants. Les chiens des bergers, fidèles compagnons de leurs maîtres, et gardiens vigilants des troupeaux.

Devoir mis au pluriel.

Les sapajous, petits animaux amusants et jovials. Ces livres moraux.

cadeaux magnifiques, offerts à mes neveux intelligents et studieux. Ces voyageurs matinals, partis par des trains spéciaux, pour des contrées méridionales très-éloignées. Les chênes colossals, altiers, orgueilleux, brisés par les vents violents. Les faibles roseaux courbés par les aquilons furieux. Les chevaux sauvages, plus beaux, plus nerveux, plus légers que nos chevaux domestiques. Les aveux francs et loyaux des jeunes écoliers repentants et soumis. Les poules, animaux craintifs et mères intrépides. Les verrous solides des portails de ces vieux châteaux seigneuriaux. Les stupides corbeaux, victimes des renards rusés. Les jeunes levrauts, tués dans les taillis par les chasseurs, et apportés intacts par les chiens intelligents. Les choux verts, mets lourds et indigestes. Les hommes laborieux devenus riches; les hommes studieux devenus savants. Mes mains, ministres dociles et fidèles de mes volontés. Les pauvres petits agneaux dévorés par les loups voraces.

Devoir mis au pluriel.

Les alouettes sont très-matinales. Les adjectifs numéraux sont cardinaux ou ordinaux. Ces petites filles sont douces, modestes et candides. Ces jeunes garçons sont paresseux, niais, ignorants, vicieux et gourmands. Les vrais savants sont modestes. Des vieillards ignorants sont de vieux enfants. Les rennes sont indispensables aux Lapons et aux Esquimaux. Les eaux sont tièdes et les bains agréables. Les plumes des oiseaux sont légères. Les coraux sont rouges. Les jeunes ormeaux sont les soutiens des vignes flexibles. Les jeux sont agréables aux écoliers. Des enfants vicieux sont semblables à des arbres stériles. Les sciences sont réservées aux hommes studieux, les richesses aux hommes vigilants, et les cieux aux vertus. De vieux amis sont des trésors précieux et toujours nouveaux. Les bœufs sont infatigables aux travaux champêtres. Les hommes les plus occupés sont les plus heureux.

Récapitulation générale.

Un homme *poli*, des hommes *polis;* une femme *polie*, des femmes *polies*.

Un esprit *infernal*, des esprits *infernaux;* une ruse *infernale*, des ruses *infernales*.

Un air *gai*, des airs *gais;* une chanson *gaie*, des chansons *gaies*.

Un mur *contigu*, des murs *contigus;* une maison *contiguë*, des maisons *contiguës*.

Un *beau* papillon, de *beaux* papillons; une *belle* fleur, de *belles* fleurs.

Un ton *majeur*, des tons *majeurs;* une gamme *majeure*, des gammes *majeures*.

Le vaisseau *turc*, les vaisseaux *turcs;* la flotte *turque*, les flottes *turques*.

Un livre *grec*, des livres *grecs:* une grammaire *grecque*, des grammaires *grecques*.

Un regard *malin*, des regards *malins;* une parole *maligne*, des paroles *malignes*.

Un conte *moral*, des contes *moraux;* une histoire *morale*, des histoires *morales*.

Le garde *national*, les gardes *nationaux;* la garde *nationale*, les gardes *nationales*.

Le vin *mousseux*, les vins *mousseux ;* la bière *mousseuse* , les bières *mousseuses.*

Le loir *dormeur*, les loirs *dormeurs ;* la marmotte *dormeuse* , les marmottes *dormeuses.*

Un abricot *vermeil*, des abricots *vermeils ;* une pêche *vermeille*, des pêches *vermeilles.*

Un ton *bref*, des tons *brefs ;* une parole *brève*, des paroles *brèves.*

Un génie *créateur*, des génies *créateurs ;* une force *créatrice*, des forces *créatrices.*

Un habit *violet*, des habits *violets ;* une robe *violette*, des robes *violettes.*

Le journal *quotidien*, les journaux *quotidiens ;* la lecture *quotidienne*, les lectures *quotidiennes.*

Devoir sur l'adjectif.

Les terres *grasses* et *humides* ne conviennent pas aux prairies *artificielles.* Les *hautes* montagnes sont *couvertes* de neiges *éternelles.* Cherchez les occasions de faire de *bonnes* œuvres. Les étoffes *bleues* et les étoffes *vertes* sont *sujettes* à pâlir à l'air. Les personnes *vieilles* sont presque *toutes souffrantes* et *caduques.* Les lectures sont *instructives* et *amusantes.* Les personnes *malignes* sont rarement *aimables.* Jésus pardonna à deux femmes *pécheresses repentantes.* Les dogmes *chrétiens* apprennent à l'homme ses *immortelles* destinées. Les consolations *indiscrètes* ne font qu'aigrir les *violentes* afflictions. Les *bons* exemples donnent de *bonnes* pensées aux personnes qui en sont *spectatrices.* Les *petites* filles sont *désireuses* de friandises *sucrées.* Les *vieilles* églises *gothiques* sont *admirées* des *vrais* connaisseurs. Soyons *soigneux* dans les *petites* choses comme dans les *grandes.* Les *oisifs* et les *paresseux* sont *inutiles* à eux-mêmes et aux autres. Les *méchants*, quand ils sont *vieux* et *infirmes*, ont des pensées *noires* et *désolantes ;* il leur semble que toutes leurs *mauvaises* actions se dressent devant eux comme des furies *impitoyables* et *menaçantes.*

Devoir sur l'adjectif.

Tout le monde aime les manières *polies*, les airs *doux* et les paroles *affectueuses.* Mes *chers* amis, soyez *frugals* et *tempérants*, et vous aurez de *longues* années ; soyez *justes*, et vous ne craindrez point les peines *éternelles.* Dieu a fait de rien toutes les créatures *corporelles* et *spirituelles*, *visibles* et *invisibles ;* il connaît nos plus *secrètes* pensées. Jésus-Christ endura pour nous les plus *cruelles* souffrances. Il y a trois personnes *divines*, trois vertus *théologales* et sept péchés *capitaux.* Que nos mœurs *privées* et *publiques* soient toujours *pures* et *douces.* On trouve dans ces *charmantes* lettres des expressions *pleines* d'agrément, des tours *nombreux* et *variés*, des pensées *fines*, *délicates* et *ingénieuses.* Les personnes *paisibles* fuient les *vaines* rumeurs, les *bruyantes* frivolités, les *tumultueuses* distractions et les clameurs *orageuses.* On gagne beaucoup en perdant les ornements *superflus* du style, pour se borner aux beautés *simples*, *faciles*, *claires* et *négligées.* Les terres *chaudes*, *légères* et *substantielles* sont celles qui conviennent le mieux au maïs ; cette plante ne se plaît nullement dans les terres *argileuses* et *fraîches.* L'adversité est une *bonne institutrice*, qui donne souvent d'*excellentes* leçons. La fortune est *inconstante*, et ses faveurs sont *fugitives* et *trompeuses.*

Devoir sur l'adjectif.

Dieu préfère les mains *pures* aux mains *pleines*. Les personnes d'une sensibilité *excessive* sont *sujettes* à de *grands* chagrins. Les *bonnes* actions rendent la vie *heureuse*. L'époque de la lune *rousse* est funeste aux *jeunes* plantes. La religion *mahométane* est plus *récente* que la religion *chrétienne*, mais celle-ci est moins *ancienne* que la religion *païenne*. Les personnes *ennuyées* sont toujours *ennuyeuses*. Une terre trop *sèche* n'est jamais *productive*. La langue *grecque* est *belle*, riche et *harmonieuse*. Notre *divine* religion est *consolatrice*. L'éducation *publique* est *supérieure* à l'éducation *particulière*. Les femmes *chinoises* sont très-*replètes*. Les fièvres *malignes* sont souvent *mortelles*. Les *jolies petites* prunes de mirabelle font de *bons* pruneaux et d'*excellentes* confitures. La soie *naturelle* est *blanche* ou *jaune*. La *vraie* religion est *douce, tolérante* et *conciliatrice*. L'instruction *religieuse* est *essentielle* dans nos écoles *publiques*. Les perdrix *rouges* sont plus *grosses* et *meilleures* que les perdrix *grises*.

RÈGLES D'ACCORD DE L'ADJECTIF.

84. L'adjectif n'a par lui-même ni genre ni nombre ; il prend toutes les modifications du nom auquel il se rapporte. Ex. :

> *Le père* INDULGENT.
> *La mère* INDULGENTE.
> *Les pères* INDULGENTS.
> *Les mères* INDULGENTES.

85. Tout adjectif qui qualifie plusieurs noms singuliers se met au *pluriel*, parce que deux singuliers valent un pluriel.

86. Il prend le genre *masculin*, si les substantifs sont du masculin. Ex. :

> L'ANE *et le* MULET *sont* TÊTUS.

Têtus est au masculin pluriel.

87. Il prend le genre *féminin*, si les substantifs sont du féminin. Ex. :

> *La* JUSTICE *et la* VÉRITÉ *sont* ÉTERNELLES.

Éternelles est au féminin pluriel.

88. Si les substantifs sont de différents genres, l'adjectif se met au *masculin pluriel*. Ex. :

> *La* BICHE *et le* CERF *sont* LÉGERS.
> *Le* FEU *et l'*EAU *sont* ENNEMIS.
> *Il avait la* BOUCHE *et les* YEUX OUVERTS.

Légers, ennemis, ouverts, sont au masculin pluriel.

Devoir sur l'accord de l'adjectif.

L'histoire et la géographie *instructives*. La fraise et l'ananas *délicieux* et *sucrés*. La fraise et la framboise *délicieuses* et *sucrées*. Adam et Ève *trompés, désobéissants* et *chassés*. La colline et la vallée *ombragées*. L'orange et le citron *acides, mûrs* et *juteux*. La viande et le vin très-*fortifiants*. Didon et Cléopâtre, reines *malheureuses* et *fugitives*. Alexandre et Napoléon *victorieux*. La peste et la guerre *dévastatrices*. La paix et l'abondance, *amies inséparables*. Noé et ses enfants *sauvés* du déluge *universel*. La poule et l'alouette *matinales*. La poule et le coq *matinals*. Rome et Carthage *rivales*. Paris et Londres très-*populeux*. La miséricorde et la bonté de Dieu *infinies*. La France et l'Italie *voisines*. Le désert et la plaine *étendus*. Avoir l'oreille et la voix *fausses*. Le puits et le fossé *comblés*. Une contrition et un repentir *sincères*, mais *tardifs*. La fortune et les flots *inconstants*. Le lion *cruel*. La lionne *cruelle*. Les lions *cruels* Les lionnes *cruelles*. Le lion et la lionne *cruels*. Un lion *carnassier* et une lionne *cruelle*. Des lions *carnassiers* et des lionnes *cruelles*.

Exercice sur l'accord de l'adjectif.

Le temps et la mort sont *impitoyables*. La vertu et la justice sont *estimées* et *respectées*. La paresse et la pauvreté sont sœurs *jumelles*. L'ivrognerie et la gourmandise sont *viles* et *méprisables*. Le corbeau et la cigogne furent *trompés* par le renard. L'Écosse et la Suisse sont *montagneuses* et *pittoresques*. La Bourgogne et la Champagne sont *fertiles* en vins *renommés*. Le juge et l'arbitre doivent être *impartiaux*. Le lion, la génisse, la chèvre et la brebis étaient *associés*. La génisse, la chèvre et la brebis étaient *associées* avec le lion. Ce jeune homme avait la bouche et les les lèvres *vermeilles*, la barbe et les cheveux *longs*, les yeux et les sourcils *noirs*, le ton et la parole *brefs*, la démarche et les manières *nobles* et *distinguées*.

Exercice sur l'accord de l'adjectif.

L'éponge et la pierre-ponce sont *légères* et *poreuses*. La cerise et le bigarreau ne sont pas également *estimés*. Tyr et Sidon étaient deux villes *commerçantes* et agréablement *situées*. L'Égypte et l'Inde sont *fertilisées* par des inondations *périodiques* et *certaines*. Défendez aux enfants les jeux et les amusements *bruyants* et *dangereux*. On donne aux malades des boissons et des tisanes *pectorales*. Il faut éviter avec soin les expressions et les tournures *basses* et *triviales*. La poudre est *composée* de soufre, de salpêtre et de charbon *mélangés*. Le courage et la patience sont *victorieux* des plus *grands* obstacles. *Incertaines* et *capricieuses*, la fortune et la gloire sont *inférieures* à la *douce* et *constante* amitié. *Étrangères* à nos climats plutôt *froids* que *tempérés*, la datte et la grenade sont *naturelles* des contrées *méridionales*.

Exercice de récapitulation sur le nom et l'adjectif.

Les jeunes *chevaux* ont les mœurs *douces* et les *qualités sociales*. Les *journaux* doivent être les *échos* de l'opinion *publique*. Ce sont les *peuples* qui bâtissent les *maisons royales* et les *châteaux royaux*. Les *pyramides égyptiennes* sont des *monuments colossals*. Les *obélisques égyptiens* sont des *pierres colossales élevées* sur d'*énormes piédestaux*. Trop souvent les *charretiers* sont des *hommes brutaux* qui se font les *bourreaux* de leurs *chevaux*. Les *alouettes* sont *matinales*, mais les *coqs* sont plus *matinals* encore. Les *premiers rois francs* portaient de *longs cheveux*. Les *jeunes filles* sont mieux *parées* par leurs *vertus* que par leurs *bijoux*. Jeunes gens, respectez les *vieilles femmes* : votre mère sera *vieille* un jour. Les *eaux* qui roulent sur des *cailloux* sont ordinairement *claires* et *limpides*. Les *Turcs* se coiffent de *turbans*, et nous de *chapeaux* ; ils portent des *robes larges* et *flottantes*, et nous des *habits étroits* et *serrés*. Les *tremblements* de terre ne sont point *universels* ; ils sont *locaux*. Tous les *papillons*, si *variés* et si *brillants*, ont été d'abord des *chenilles rampantes* et *hideuses*. Les *enfants* sont *semblables* à de *jeunes arbrisseaux*.

Récapitulation lexicologique

L'élève indiquera :

Trois adjectifs qui prennent la lettre e au féminin :
> Prudent, adroit, fatal.

Trois adjectifs terminés par un e muet au masculin :
> Habile, sage, prodigue.

Trois adjectifs en et, qui doublent le t au féminin :
> Coquet, net, muet.

Trois adjectifs terminés par el au masculin :
> Cruel, éternel, solennel.

Trois adjectifs en on :
> Fripon, glouton, bon.

Trois adjectifs terminés par f au masculin :
> Adoptif, vif, excessif.

Trois adjectifs terminés par x, qui changent x en se :
> Dangereux, studieux, pieux.

Trois adjectifs en er :
> Amer, altier, entier.

Trois adjectifs en eur, qui changent eur en euse :
> Trompeur, parleur, moqueur.

Trois adjectifs en teur, qui changent teur en trice :
> Protecteur, lecteur, exécuteur.

Trois adjectifs terminés par s au singulier :
> Épais, confus, dispos.

Trois adjectifs en al, qui changent cette finale en aux :
> Brutal, égal, horizontal.

89. Un certain nombre de substantifs, et, en général, ceux qui servent à désigner les êtres immatériels, tels que *jeunesse, ardeur, pauvreté,* sont en rapport de sens et de radical avec un adjectif qualificatif : *jeune, ardent, pauvre.*

L'élève indiquera les adjectifs qui dérivent des noms suivants :

Vertu.	Vertueux.	Misère.	Misérable.
Victoire.	Victorieux.	Douleur.	Douloureux.
Fable.	Fabuleux.	Originalité.	Original.

Lenteur.	Lent.	Fils.	Filial.
Paresse.	Paresseux.	Silence.	Silencieux.
Fécondité.	Fécond.	Haine.	Haineux.
Fierté.	Fier.	Soin.	Soigneux.
Babil.	Babillard.	Exactitude.	Exact.
Richesse.	Riche.	Excuse.	Excusable.
Vivacité.	Vif.	Ennui.	Ennuyeux.
Promptitude.	Prompt.	Sable.	Sablonneux.
Audace.	Audacieux.	Merveille.	Merveilleux.
Royauté.	Royal.	Monstre.	Monstrueux.
Rigueur.	Rigoureux.	Plainte.	Plaintif.
Saveur.	Savoureux.	Lassitude.	Las.
Cruauté.	Cruel.	Souplesse.	Souple.
Péril.	Périlleux.	Valeur.	Valeureux.
Champ.	Champêtre.	Grosseur.	Gros.
Folie.	Fou.	Vieillesse.	Vieux, vieil.
Adresse.	Adroit.	Affabilité.	Affable.
Vigueur.	Vigoureux.	Ancienneté.	Ancien.
Eternité.	Eternel.	Miséricorde.	Miséricordieux.
Délicatesse.	Délicat.	Caresse.	Caressant.
Neige.	Neigeux.	Prodigalité.	Prodigue.
Honte.	Honteux.	Prodige.	Prodigieux.
Inquiétude.	Inquiet.	Bizarrerie.	Bizarre.
Ardeur.	Ardent.	Sincérité.	Sincère.
Amabilité.	Aimable.	Verdure.	Vert.
Dévotion.	Dévot.	Blancheur.	Blanc.
Fausseté.	Faux.	Matin.	Matinal.
Gentillesse.	Gentil.	Nerf.	Nerveux.
Salubrité.	Salubre.	Evangile.	Evangélique.
Finesse.	Fin.		

Un adjectif étant donné, indiquer le substantif dont il est dérivé.

Absurde.	Absurdité.	Solennel.	Solennité.
Câlin.	Câlinerie.	Marécageux.	Marécage.
Capricieux.	Caprice.	Chaleureux.	Chaleur.
Captif.	Captivité.	Alimentaire.	Aliment.
Crédule.	Crédulité.	Grammatical.	Grammaire.
Dangereux.	Danger.	Modeste.	Modestie.
Désastreux.	Désastre.	Sec.	Sécheresse.
Avantageux.	Avantage.	Gluant.	Glu.
Honnête.	Honnêteté.	Boueux.	Boue.
Discret.	Discrétion.	Niais.	Niaiserie.
Dur.	Dureté.	Charitable.	Charité.
Fatal.	Fatalité.	Glouton.	Gloutonnerie.
Laid.	Laideur.	Doux.	Douceur.
Lâche.	Lâcheté.	Boudeur.	Bouderie.
Long.	Longueur.	Net.	Netteté.
Léger.	Légèreté.	Amer.	Amertume.
Médiocre.	Médiocrité.	Bruyant.	Bruit.
Mensonger.	Mensonge.	Consciencieux.	Conscience.
Sévère.	Sévérité.	Gai.	Gaîté.
Moelleux.	Moelle.	Rare.	Rareté.
Sobre.	Sobriété.	Vieux.	Vieillesse.
Caduc.	Caducité.	Gourmand.	Gourmandise.
Montagneux.	Montagne.		

90. Certains *substantifs* sont en rapport de sens et de radical, non-seulement avec l'*adjectif*, mais aussi avec le *verbe* et l'*adverbe*. Ex. :

>   ACTIVITÉ, *actif, activer, activement.*
>   FRUIT, *fructueux, fructifier, fructueusement.*

En général, on obtient l'adverbe en ajoutant la finale *ment* au féminin de l'adjectif : *flatteur, flatteuse, flatteuse*MENT; *mou, molle, molle*MENT.

Un nom étant donné, indiquer l'adjectif, le verbe et l'adverbe qui en dérivent.

Admiration.	Admirable.	Admirer.	Admirablement.
Humilité.	Humble.	Humilier.	Humblement.
Aigreur.	Aigre.	Aigrir.	Aigrement.
Ambition.	Ambitieux.	Ambitionner.	Ambitieusement.
Scandale.	Scandaleux.	Scandaliser.	Scandaleusement.
Brusquerie.	Brusque.	Brusquer.	Brusquement.
Calomnie.	Calomnieux.	Calomnier.	Calomnieusement
Dédain.	Dédaigneux.	Dédaigner.	Dédaigneusement
Faveur.	Favorable.	Favoriser.	Favorablement.
Raison.	Raisonnable.	Raisonner.	Raisonnablement
Dureté.	Dur.	Durcir.	Durement.
Honneur.	Honorable.	Honorer.	Honorablement.
Grandeur.	Grand.	Grandir.	Grandement.
Fraternité.	Fraternel.	Fraterniser.	Fraternellement.
Eternité.	Eternel.	Eterniser.	Eternellement.
Doute.	Douteux.	Douter.	Douteusement.
Economie.	Economique.	Economiser.	Economiquement
Effroi.	Effroyable.	Effrayer.	Effroyablement.
Faiblesse.	Faible.	Faiblir.	Faiblement.
Fertilité.	Fertile.	Fertiliser.	Fertilement.
Flatterie.	Flatteur.	Flatter.	Flatteusement.
Sécheresse.	Sec.	Sécher.	Sèchement.
Soin.	Soigneux.	Soigner.	Soigneusement.
Utilité.	Utile.	Utiliser.	Utilement.
Brutalité.	Brutal.	Brutaliser.	Brutalement.

Exercice sur la couleur, la forme et la saveur des corps.

1° LA COULEUR. La neige est *blanche*. L'indigo et la flamme de l'eau-de-vie sont *bleus*. Le soufre est *jaune*. Le plumage du corbeau est *noir*. La crête du coq est *rouge*. Je préfère l'eau *rougie* au vin pur. L'olive est *verte*. La cendre est *grise*. La truite est *tachetée*.

2° LA FORME. Le pois est *rond*. Le dé à jouer est *carré*. Le fruit de l'églantier est *oblong*. On dit vulgairement *plat* comme une punaise. Le pain de sucre est *conique*. Le chalumeau est *cylindrique*. Le bec des oiseaux de proie est *crochu*. Les règles dont se servent les écoliers sont d'ordinaire *rectangulaires*. L'œuf est *ovale*.

3° LA SAVEUR. L'eau de la mer est extrêmement *salée*. Le miel est *doux*. Le fiel est *amer*. Les médecins prescrivent l'eau *sucrée* aux malades. Le lait caillé est *aigre*. La plupart des légumes crus sont *fades*; mais ils deviennent *savoureux* par la cuisson.

CHAPITRE QUATRIÈME

DU PRONOM.

91. Le *Pronom* (pour nom) est un mot qui tient la place du nom, et qui en prend le genre et le nombre. Ex. :

On ne triomphe de la calomnie qu'en LA *dédaignant.*
LA, représente *calomnie.*

Gorgias dort, mange et boit, mais IL *ne vit pas.*
IL, représente *Gorgias.*

92. Il y a cinq sortes de pronoms : les pronoms *personnels*, les pronoms *démonstratifs*, les pronoms *possessifs*, les pronoms *relatifs*, et les pronoms *indéfinis.*

PRONOMS PERSONNELS.

93. Les pronoms *personnels* sont ceux qui désignent les *personnes*, et plus particulièrement les trois *personnes* du verbe.

94. Il y a trois *personnes* ou *rôles* dans le discours.

95. La *première* personne est celle qui parle : JE *chante,* JE *récite.*

96. La *deuxième* personne est celle à qui l'on parle : TU *chantes,* TU *récites.*

97. La *troisième* personne est celle de qui l'on parle : IL *chante,* IL *récite.*

LES PRONOMS PERSONNELS SONT :

Pour la première personne : *je, moi, me, nous.*
Pour la deuxième personne : *tu, toi, te, vous.*

Pour la troisième personne : { *il, elle, ils, elles, lui, leur, eux, se, soi, en, y, le, la, les.*

98. REMARQUE. *Le, la, les,* sont tantôt articles, tantôt pronoms.
Ils sont articles quand ils précèdent un nom :

LE *soleil,* LA *lune et* LES *étoiles brillent au firmament.*

Ils sont pronoms quand ils accompagnent un verbe, et que, par conséquent, ils tiennent la place d'un nom :

Le chien lèche la main qui LE *frappe.*
*Si l'occasion se présente, saisissez-*LA *aux cheveux.*
Les flatteurs vivent aux dépens de ceux qui LES *écoutent.*

Le, représente *chien.*
La, représente *occasion.*
Les, représente *flatteurs.*

PRONOMS DÉMONSTRATIFS.

99. Les pronoms *démonstratifs* sont ceux qui indiquent, qui *montrent* pour ainsi dire à nos yeux les individus qu'ils représentent :

	SINGULIER.		PLURIEL.
Masculin.	Féminin.	Masculin.	Féminin.
Celui.	*Celle.*	*Ceux.*	*Celles.*
Celui-ci.	*Celle-ci.*	*Ceux-ci.*	*Celles-ci.*
Celui-là.	*Celle-là.*	*Ceux-là.*	*Celles-là.*
Ce.			
Ceci.			
Cela.			

PRONOMS POSSESSIFS.

100. Les pronoms *possessifs* sont ceux qui marquent la *possession* des objets qu'ils représentent :

	SINGULIER.		PLURIEL.
Masculin.	Féminin.	Masculin.	Féminin.
Le mien.	*La mienne.*	*Les miens.*	*Les miennes.*
Le tien.	*La tienne.*	*Les tiens.*	*Les tiennes.*
Le sien.	*La sienne.*	*Les siens.*	*Les siennes.*

Des deux genres.

Masculin.	Féminin.	Des deux genres.
Le nôtre.	*La nôtre.*	*Les nôtres.*
Le vôtre.	*La vôtre.*	*Les vôtres*
Le leur.	*La leur.*	*Les leurs.*

PRONOMS RELATIFS.

101. Les pronoms *relatifs*, appelés aussi *conjonctifs*, sont ceux qui servent à lier le mot auquel ils se rapportent, à ceux qui le suivent.

	SINGULIER.		PLURIEL.
Masculin.	Féminin.	Masculin.	Féminin.
Lequel.	*Laquelle.*	*Lesquels.*	*Lesquelles.*
Duquel.	*De laquelle.*	*Desquels.*	*Desquelles.*
Auquel.	*A laquelle.*	*Auxquels.*	*Auxquelles.*

Des deux genres et des deux nombres.

Qui.	*Quoi.*
Que.	*Dont.*

102. REMARQUE. La plupart des pronoms relatifs peuvent être placés au

commencement d'une phrase. Alors ils servent à interroger, et sont appelés
pronoms *interrogatifs?*

Qui trompe-t-on? Que me voulez-vous? A quoi songe-t-il? Lequel préfères-tu?

PRONOMS INDÉFINIS.

103. Les pronoms *indéfinis* sont ceux qui représentent les êtres
d'une manière vague et générale.

Ces pronoms sont :

*On, chacun, personne, rien, quiconque, quelqu'un, autrui,
l'un, l'autre. — Aucun, nul, tel, certain, tout, plusieurs.*

104. REMARQUE. Les mots *aucun, nul, tel, certain, tout, plusieurs,* sont
tantôt *adjectifs* indéfinis, tantôt *pronoms* indéfinis.

Ils sont *adjectifs* quand ils accompagnent le nom, et *pronoms* s'ils en tiennent la place. Ex. :

> *Nul homme n'est content de son sort.*
> *Aucun homme n'est prophète chez soi.*

Ici *nul* et *aucun*, déterminant *homme*, sont *adjectifs*.

Mais si l'on dit :

> *Nul n'est content de son sort,*
> *Aucun n'est prophète chez soi,*

Aucun et *nul*, représentant *homme*, sont *pronoms*.

*Dans le devoir suivant, les noms en italique sont représentés
par des pronoms à la partie de l'élève.*

Les mulots se détruisent les uns les autres, dès que les vivres commencent à manquer aux *mulots*. Si Dieu n'existait pas, il faudrait in-
venter *Dieu*. On ne surmonte le vice qu'en fuyant le *vice*. Gourville
cherche Vatel ; *Gourville* trouve *Vatel* noyé dans son sang. Si votre ennemi a faim, donnez à manger *à votre ennemi ;* si *votre ennemi* a soif,
donnez à boire *à votre ennemi.* En consolant les malheurs d'autrui,
nous sentons moins *nos malheurs ;* en soulageant leur douleur, nous
allégeons *notre douleur.* La lecture me plaît; je fais mes plus chères délices de *la lecture.* O Télémaque ! craignez de tomber entre les mains
de Pygmalion ; *Pygmalion* a trempé *ses mains* dans le sang de Sichée,
mari de Didon, sa sœur. Dieu a dit : Que la lumière soit; et *la lumière*
fut. Il a dit encore : Que le soleil paraisse; et *le soleil* parut. Pharaon
ôta son anneau de son doigt, et plaça *son anneau au doigt* de Joseph.
Les délicats sont malheureux ; rien ne saurait satisfaire *les délicats.*
Mes amis furent surpris de mon départ ; j'avais pris soin de cacher *mon
départ à mes amis.* Nous diminuons nos maux en racontant *nos maux.*
La langue d'un muet vaut mieux que *la langue* d'un menteur. Les
autres climats ne me plaisent pas autant que *notre climat.*

*Les pronoms en italique qui figurent au devoir suivant, sont
remplacés par des noms à la partie de l'élève.*

Les rats se dévorent entre eux, pour peu que la faim *les* presse. La
vérité finit toujours par surmonter les obstacles qu'on *lui* oppose. On
revient d'une faute à force d'*en* rougir. Les hommes louent la vertu,
mais *ils* ne *la* pratiquent pas. L'hippopotame nage plus vite qu'*il* ne

court. Il vaut mieux souffrir le mal que de *le* faire. Si l'on accuse votre ami absent, défendez-*le*. Dieu a pesé les actions, et *il les* a trouvées trop légères. Défiez-vous de la colère : quand *elle* n'obéit pas, *elle* commande. La blancheur du lis efface *celle* de la neige. Les meilleures leçons sont *celles* de l'expérience. L'âne n'est point un cheval dégénéré ; *il* a comme *lui* sa famille, son espèce et son rang. Quand la vérité lutte contre le mensonge, *elle* finit toujours par *en* triompher. On double son bonheur en *le* partageant avec un ami. Mon fils a plus d'esprit que tous *les tiens* ensemble.

Distinction entre le pronom personnel *se* et le pronom démonstratif *ce*.

105. Il ne faut pas confondre *se*, *s'*, pronom personnel, avec *ce*, *c'*, pronom démonstratif : *se* peut être remplacé par un autre pronom personnel, tel que *soi*, *lui*, *elle*, *eux*, *elles*, Ex. :

Calypso ne pouvait se consoler du départ d'Ulysse, c'est-à-dire *ne pouvait consoler* ELLE.

Les avares SE *privent de tout*, c'est-à-dire *privent* EUX *de tout*.

106. Le pronom démonstratif *ce* peut toujours être remplacé par *ceci*, *cela*, ou par un nom ; le plus souvent le mot *chose*. Ex. :

CE *que Joseph avait prédit arriva*, c'est-à-dire CELA, LA CHOSE, *la famine que Joseph avait prédite.*

107. OBSERVATION. Le mot *ce* est encore adjectif démonstratif, alors il détermine un nom : CE *cheval*, CE *hameau*, CE *jeune homme.*

Les mots ce, se, écrits en italique, remplacent le tiret qui figure à la partie de l'élève.

1re PARTIE. Il faut rendre à César *ce* qui est à César. Pour un âne enlevé deux voleurs *se* battaient. Jupiter dit un jour : Que tout *ce* qui respire *s'*en vienne comparaître aux pieds de ma grandeur. Dieu *se* plaît à sécher *ce* qu'il a mouillé. L'indiscret *se* repent souvent de *ce* qu'il a dit. *Ce* qui est utile *se* place facilement. *Ce* sont les Phéniciens qui *se* sont confiés les premiers à la mer. La violette cachée sous le buisson embaume tout *ce* qui l'approche : *c'*est l'image du savant modeste. Epargner le traître, *c'*est *s'*exposer à la trahison. Le méchant *se* réjouit de *ce* qui fait la ruine d'autrui. Le sage *se* contente de *ce* qui est nécessaire, et ne *se* tourmente pas pour le superflu. *Ce* n'est pas l'habit, *ce* n'est pas le métier qui dégrade l'homme : *ce* sont les vices honteux auxquels il *se* livre et dont il ne veut pas *se* corriger. Les jeunes gens disent *ce* qu'ils font, les vieillards *ce* qu'ils ont fait, et les sots *ce* qu'ils *se* proposent de faire. Les méchants *se* craignent, *se* détestent, *se* fuient. *Ce* que j'admire le plus, *c'*est le courage dans l'adversité. *C'*est *se* venger que de châtier dans la colère. *C'*en est fait, le voilà menteur ; il *s'*en est fait une habitude.

IIe PARTIE. La manière de donner vaut mieux que *ce* qu'on donne. *Ce* que l'on conçoit bien *s'*énonce clairement. *Se* croire plus fin que les autres, *c'*est le vrai moyen d'être trompé. Il faut *s'*entr'aider ; *c'*est la loi de la nature. *Ce* qu'on donne aux méchants, toujours on le regrette. Ni mon grenier ni mon armoire ne *s'*emplissent à babiller. Dieu fait bien *ce* qu'il fait. Rien n'est vrai comme *ce* qu'on sent. C'est du sein de la terre que sort tout *ce* qu'il y a de plus précieux, La richesse du pauvre, c'est son honnêteté. La grenouille s'enfla tant qu'elle creva. Tout *ce* qui reluit n'est pas or. On ne plaît pas tant par *ce* qu'on dit que par *ce* qu'on fait. Il n'est rien qu'on *se* persuade si facilement que *ce* qu'on désire. La langue du jaloux flétrit tout *ce* qu'elle touche. Si *ce* qu'on dit d'Ésope est vrai, c'était l'oracle de la Grèce. On n'exécute pas tout *ce* qu'on *se* propose. Les Nègres *se* régalent de la chair du chien comme si c'était un mets délicieux. Sésostris *se* plaisait à examiner lui-même tout *ce* qui avait rapport à l'administration de ses Etats : c'est ainsi qu'un roi *se* fait aimer de ses peuples.

Pronoms possessifs.

Dans le devoir suivant, les pronoms en italique sont remplacés par des tirets à la partie de l'élève.

Vous avez vos ridicules; qui n'a pas *les siens?* Chacun a ses peines : les grands ont *les leurs*, comme nous avons *les nôtres*. Je te prêterai mon livre, à condition que tu me prêteras *le tien*. Nos deux jardins sont vastes, cependant je veux encore faire agrandir *le mien*. Ecoute l'opinion des autres, mais ne renonce pas pour cela à *la tienne*, si tu la crois meilleure que *la leur*. Le Tibre a son cours en Italie, la Seine a *le sien* en France. Le Tibre a son embouchure dans la Méditerranée, la Seine a *la sienne* dans l'océan Atlantique. Il a accepté mes services, et voici qu'il me refuse *les siens*. Je fermerai les yeux sur les torts des autres, afin qu'ils ferment les yeux sur *les miens*. Je fermerai les yeux sur ta conduite, afin que tu fermes *les tiens* sur *la mienne*. S'il n'a pas fait son devoir, nous, du moins, faisons *le nôtre*. Je pardonne à mon fils, qui se repent; tu pardonneras aussi *au tien;* car tu l'aimes autant que j'aime *le mien*. Si ton ennemi a flétri ta réputation, ce n'est pas une raison pour flétrir *la sienne*. Mon ami, le devoir de vos parents est de vous guider; et *le vôtre*, de leur obéir. Tu vois une paille dans l'œil de ton frère, tu n'aperçois pas celle qui est dans *le tien;* tu lui reproches durement ses défauts, tu n'aperçois pas *les tiens;* tu blâmes sa conduite, *la tienne* est-elle plus sage? tu critiques ses dépenses, *les tiennes* sont-elles plus raisonnables? Respecte la propriété de ton voisin, si tu veux qu'il respecte *la tienne*. Respectez la propriété de votre voisin, si vous voulez qu'il respecte *la vôtre*. Je veux respecter la propriété de mon voisin, afin qu'il respecte *la mienne*.

CHAPITRE CINQUIÈME

DU GENRE.

108. La nature ayant établi parmi les êtres vivants la distinction de deux sexes, mâle et femelle, le langage a dû exprimer ces différences. De là, deux genres dans les noms, le genre *masculin* et le genre *féminin*.

109. Quelquefois le mâle et la femelle ont été désignés par des noms différents, comme l'*homme* et la *femme*, le *bélier* et la *brebis*.

110. Le plus souvent, c'est au moyen d'une légère addition faite au nom du mâle que l'on a formé celui de la femelle, comme *prince*, *princesse*; *lion*, *lionne*.

111. Enfin, pour les animaux dont le sexe nous est complètement indifférent, le même mot désigne le mâle et la femelle. Ainsi on dit, en se servant toujours du masculin, un *éléphant*, un *corbeau*, un *papillon*, un *brochet*, et, au féminin, une *girafe*, une *perdrix*, une *puce*, une *truite*.

Dans le devoir suivant, nous donnons le nom masculin; l'élève indiquera la dénomination féminine.

Homme.	Femme.	Directeur.	Directrice.
Père.	Mère.	Ambassadeur.	Ambassadrice.
Papa.	Maman.	Ogre.	Ogresse.
Oncle.	Tante.	Théodore.	Théodorine.
Neveu.	Nièce.	Jean.	Jeanne.
Fils.	Fille.	Julien.	Julienne.
Frère.	Sœur.	Jules.	Julie.
Epoux.	Epouse.	Ernest.	Ernestine.
Parrain.	Marraine.	Victor.	Victorine.
Monsieur.	Madame.	Joseph.	Joséphine.
Maitre.	Maîtresse.	Alexandre.	Alexandrine.
Compagnon.	Compagne.	Anastase.	Anastasie.
Compère.	Commère.	Léon.	Léonie.
Roi.	Reine.	Paul.	Pauline.
Empereur.	Impératrice.	Léopold.	Léopoldine.
Prince.	Princesse.	Henri.	Henriette.
Duc.	Duchesse.	Antoine.	Antoinette.
Comte.	Comtesse.	Poulain.	Pouliche.
Héros.	Héroïne.	Ane.	Anesse.
Châtelain.	Châtelaine.	Lévrier.	Levrette.
Devin.	Devineresse.	Loup.	Louve.
Diable.	Diablesse.	Lion.	Lionne.
Prophète.	Prophétesse.	Sanglier.	Laie.
Traître.	Traîtresse.	Cerf.	Biche.
Prêtre.	Prêtresse.	Dindon.	Dinde.
Abbé.	Abbesse.	Pigeon.	Colombe.
Serviteur.	Servante.	Jars.	Oie.
Gouverneur.	Gouvernante.	Canard.	Cane.
Acteur.	Actrice.	Perroquet.	Perruche.
Pécheur.	Pécheresse.	Hibou.	Chouette.
Instituteur.	Institutrice.	Limaçon.	Limace.

Le masculin étant donné, indiquer le nom féminin. Le radical est toujours commun aux deux termes.

Nota. Ce devoir diffère du précédent en ce qu'il n'y a ici que des noms de choses.

Salon.	Salle.	Cerveau.	Cervelle.
Hôtel.	Hôtellerie.	Feuillet.	Feuille.
Lit.	Litière.	Herbage.	Herbe.

Espoir.	Espérance.	Médaillon.	Médaille.
Destin.	Destinée.	Cordon.	Corde.
Village.	Ville.	Banc.	Banquette.
Bourg.	Bourgade.	Barreau.	Barre.
Glaçon.	Glace.	Cigare.	Cigarette.
Grêlon.	Grêle.	Lampion.	Lampe.
Tombeau.	Tombe.	Paillasson.	Paillasse.
Sépulcre.	Sépulture.	Soliveau.	Solive.
Logement.	Loge.	Casier.	Case.
Vallon.	Vallée.	Plumage.	Plume.
Rocher.	Roche.	Un fort.	Une forteresse.
Ilot.	Ile.	Tuileau.	Tuile.
Mont.	Montagne.	Lorgnon.	Lorgnette.
Coteau.	Côte.	Aiguillon.	Aiguille.
Ombrage.	Ombre.	Pruneau.	Prune.
Grillage.	Grille.	Fossé.	Fosse.
Portail.	Porte.	Toit.	Toiture.
Terrain.	Terre.	Pensionnat.	Pension.
Cruchon.	Cruche.	Tonneau.	Tonne.
Bord.	Bordure.	Le froid.	La froidure.
Peuple.	Peuplade.	Le chaud.	La chaleur.
Caveau.	Cave.	Carafon.	Carafe.
Tapis.	Tapisserie.	Galop.	Galopade.
Coquillage.	Coquille.	Aileron.	Aile.
Rivage.	Rive.	Escabeau.	Escabelle.
Nuage.	Nuée.	Peloton.	Pelotte.
Manteau.	Mante.	Bâtiment.	Bâtisse.
Char.	Charrette.	Corbillon.	Corbeille.
Matin.	Matinée.	Brasier.	Braise.
Soir.	Soirée.	Cabanon.	Cabane.
Jour.	Journée.		

Récapitulation des deux devoirs précédents.

L'élève mettra au féminin les petites phrases suivantes :

Masculin.	Féminin.
Compagnon gai.	Compagne gaie.
Acteur bouffon.	Actrice bouffonne.
Frère jaloux.	Sœur jalouse.
Cheval poussif.	Jument poussive.
Nuage orageux.	Nuée orageuse.
Mur mitoyen.	Muraille mitoyenne.
Prince mineur.	Princesse mineure.
Serviteur zélé.	Servante zélée.
Epoux heureux.	Epouse heureuse.
Terrain oblong.	Terre oblongue.
Médaillon ancien.	Médaille ancienne.
Plumage blanc.	Plume blanche.
Grand-papa caduc.	Grand'maman caduque.
Ambassadeur grec.	Ambassadrice grecque.
Tapis neuf.	Tapisserie neuve.
Ilot désert.	Ile déserte.
Rocher escarpé.	Roche escarpée.
Salon contigu.	Salle contiguë.

Masculin.	*Féminin.*
Village turc.	Ville turque.
Caveau obscur.	Cave obscure.
Fossé plein.	Fosse pleine.
Pré productif.	Prairie productive.
Ton espoir trompeur.	Ton espérance trompeuse.
Notre destin prélix.	Notre destinée prélixe.
Un vallon enchanteur.	Une vallée enchanteresse.
Nul rivage ami.	Nulle rive amie.
Son singe malin.	Sa guenon maligne.
Quel chant trivial.	Quelle chanson triviale.
Le loup carnassier.	La louve carnassière.
Ce chien hargneux.	Cette chienne hargneuse.

Devoir mis au féminin.

Une *sœur* est une amie précieuse que donne la nature. Cette *femme* est ma protectrice zélée. La *tigresse* est cruelle, carnassière et toujours altérée de sang. Une bonne *mère* vit avec sa *fille* comme avec sa meilleure amie. Les deux *souveraines* étaient indépendantes l'une de l'autre. Vos *cousines* sont fausses, traîtresses et hargneuses ; les miennes sont généreuses, douces, polies et amies fidèles. La *louve*, naturellement grossière et poltronne, devient ingénieuse par besoin et hardie par nécessité. La *chèvre* est vive, légère, capricieuse et vagabonde. Cette *femme* est une Italienne qu'on dit aussi bonne actrice que bonne chanteuse. L'*ânesse* est gaie, gentille, et même assez jolie quand elle est jeune ; mais elle devient par l'âge, lente, indocile et têtue. Les *déesses* de la Fable étaient jalouses, vindicatives et cruelles. La *serine* et la *linote* sont les musiciennes de la chambre. Cette *châtelaine* était plutôt la mère que la maîtresse de ses vassaux. *Pauline et Henriette*, ces deux petites filles si attentives, si studieuses, si appliquées, sont sœurs jumelles. J'ai ouï dire qu'une *reine* d'Egypte eut pour compagnes de son enfance toutes les jeunes filles nées le même jour qu'elle. La *prophétesse* entendit une voix qui lui disait : « Tu seras ma servante crainte et révérée dans tout Israël. » La *chienne* et la *chatte*, ennemies l'une de l'autre, finissent par vivre en bonne intelligence, si elles sont toutes deux commensales du même logis. Une *impératrice* irritée contre une *devineresse*, lui disait avec menace : « De quel genre de mort, malheureuse, comptes-tu mourir ? — Je mourrai de la fièvre, lui répondit la sorcière. — Tu es une menteuse, repartit la princesse ; tu périras tout à l'heure de mort violente. On allait saisir la pauvre diablesse, lorsqu'elle dit à l'Impératrice : Ma puissante maîtresse, ordonnez qu'on me tâte le pouls, et l'on verra que j'ai la fièvre. Cette saillie la tira d'affaire.

Devoir mis au masculin.

C'est mon *maître* qui m'a frappé, répondit le jeune *nègre* en sanglotant : il est bien dur envers son malheureux serviteur. Ce *comédien* est à la fois le directeur, le principal acteur, le meilleur musicien, et le chanteur le plus distingué de ce théâtre. Un *parrain* est un second père que la religion nous donne. Quand le *temps* est sombre, froid et pluvieux, les *murs* des appartements sont frais et humides. Les *rois* se traitent tous entre eux de frères et de cousins. Un *Autrichien* passant par Blois, où il n'avait vu que son *hôte*, qui était roux et peu complaisant, écrivit sur son album : Tous les hommes de Blois sont roux et acariâtres. Un *père* est le bienfaiteur et le protecteur naturel de ses enfants. Cet *homme* si brun est blanc auprès d'un nègre. Jésus pardonna à *l'homme* pécheur repentant. Craignez pour l'avenir d'un jeune *homme* jaloux, sournois et boudeur : il sera malheureux toute sa vie, à charge aux autres et à lui-même. Le *langage* du cœur est le langage universel.

CHAPITRE SIXIÈME

DU VERBE.

112. Le *verbe* est un mot qui sert à exprimer que l'on *est* ou que l'on *fait* quelque chose, ce qui revient à dire que le verbe marque l'*état* ou l'*action*. Ex. :

 L'éléphant EST *très-intelligent.*
 Le bœuf TRAINE *la charrue.*

Est marque l'état.

Traîne marque l'action.

113. On reconnaît mécaniquement qu'un mot est verbe quand on peut le conjuguer, c'est-à-dire quand on peut mettre devant lui un des pronoms *je, tu, il, nous, vous, ils.* Ainsi *dormir* est un verbe, parce qu'on peut dire, *je dors, tu dors, il dort,* etc.

DU SUJET.

114. On nomme sujet le mot représentant la personne ou la chose qui fait l'action exprimée par le verbe.

115. Le sujet d'un verbe répond à la question *qui est-ce qui,* ou *qu'est-ce qui,* faite avant le verbe.

Les CASTORS *construisent leurs habitations sur les eaux. Qui est-ce qui* CONSTRUISENT? LES CASTORS. — CASTORS est *sujet* de CONSTRUISENT.

116. Le sujet d'un verbe est ordinairement un *nom* ou un *pronom.* Ex :

La ROSÉE *fertilise la terre.* — *Nous sommes tous mortels.*

Rosée, sujet de *fertilise.* — *Nous,* sujet de *sommes.*

L'élève analysera les sujets contenus dans le devoir suivant :

Je joue et *tu* travailles. *Il* renonce à la paresse. *Nous* estimons le courage. *Vous* compatissez au malheur. L'*ignorance* est la nuit de l'esprit. L'*aigle* et le *lion* sont courageux. L'*étude* embellit la vie. Le *chien* aboie. Le *loup* hurle. *Je* suis souris, vivent les *rats!* Un *savetier* chantait du matin jusqu'au soir. L'*homme* naît, souffre et meurt. La *bonté* de Dieu est infinie. Les *castors* et les *abeilles* travaillent avec un

instinct merveilleux. Le *chien* lèche la main *qui le* frappe. Les *gré-*
nouilles sautent et nagent. La *jeunesse* et *l'inexpérience* nous exposent
à bien des fautes. *L'enfant* dit : *Je* vis ; les *jeunes gens* s'écrient :
Nous vivrons ; le *vieillard* balbutie : *J'ai* vécu. Les *hommes* taillent,
façonnent, pétrissent, moulent ; *Dieu* seul crée et anéantit.

	sujet de
Je,	joue.
Tu,	travailles.
Il,	renonce.
Nous,	estimons.
Vous,	compatissez.
Ignorance,	est.
Aigle,	sont.
Lion,	
Etude,	embellit.
Chien,	aboie.
Loup,	hurle.
Je,	suis.
Rats,	vivent.
Savetier,	chantait.
Homme,	naît, *de* souffre *et de* meurt.
Bonté,	est.
Castors,	travaillent.
Abeilles,	
Chien,	lèche.
Qui,	frappe.
Grenouilles,	sautent *et de* nagent.
Jeunesse,	exposent.
Inexpérience,	
Enfant,	dit.
Je,	vis.
Jeunes gens,	s'écrient.
Nous,	vivrons.
Vieillard,	balbutie.
Je,	ai vécu.
Hommes,	taillent, *de* façonnent, *de* pétrissent *et de* moulent.
Dieu,	crée *et de* anéantit.

DES COMPLÉMENTS.

Il y a deux sortes de compléments : le complément *direct* et
le complément *indirect*.

Du complément direct.

117. Le complément *direct* est le mot sur lequel tombe *directe-*
ment l'action exprimée par le verbe.

118. Le complément direct répond à la question *qui* ou *quoi*,
faite avec le verbe. Ex. :

Le *serpent* trompa la FEMME. — *Le laboureur cultive la* TERRE.

Le serpent trompa *qui ?* la *femme.*
Le laboureur cultive *quoi ?* la *terre.*

Femme est complément direct de *tromper,* et *terre* complément direct de *cultiver.*

119. Le complément direct est ordinairement un *nom* ou un *pronom :*

> *Les avares tondraient un œuf.*
> *Dieu nous voit.*

Œuf, complément direct de *tondraient.*
Nous, complément direct de *voit.*

L'élève analysera les compléments directs contenus dans le devoir suivant.

Dieu pèsera toutes nos *actions.* L'armée a vaincu les *ennemis.* L'écureuil mange des *amandes,* des *noisettes,* de la *faîne* et du *gland.* Chaque jour amène son *pain.* L'œil du maître engraisse le *cheval.* Le pilote conduit le *vaisseau.* Deux rats cherchaient leur *vie;* ils trouvèrent un *œuf.* Les bons livres ornent l'*esprit* et forment le *cœur.* Les hirondelles annoncent le *printemps.* Le tigre dévore quelquefois ses *petits.* Les Gaulois prirent et brûlèrent *Rome.* On trouva la *coupe* de Joseph dans le sac de Benjamin. Les hommes craignent la *mort,* qui finit tous leurs *maux.* Vos passions *vous* aveuglent.

	compl. dir. de
Actions,	pèsera.
Ennemis,	a vaincu.
Amandes,	
Noisettes,	
Faîne,	mange.
Gland,	
Pain,	amène.
Cheval,	engraisse.
Vaisseau,	conduit.
Vie,	cherchaient.
Œuf,	trouvèrent.
Esprit,	ornent.
Cœur,	forment.
Printemps,	annoncent.
Petits,	dévore.
Rome,	prirent *et de* brûlèrent.
Coupe,	trouva.
Mort,	craignent.
Maux,	finit.
Vous,	aveuglent.

Du complément indirect.

120. Le complément *indirect* est le terme sur lequel l'action du verbe passe *indirectement,* c'est-à-dire au moyen d'une préposition comme *à, de, par,* etc.

121. Il répond à l'une des questions *à qui, à quoi; de qui, de quoi; par qui, par quoi,* etc., faite avec le verbe. Ex. :

L'exilé songe à sa PATRIE.
L'éléphant se souvient des INJURES.
Le Christ a été annoncé par les PROPHÈTES.

L'exilé songe *à quoi? à sa patrie.*
L'éléphant se souvient *de quoi? des injures.*
Le Christ a été annoncé *par qui? par les prophètes.*

Patrie est complément indirect de *songe; injures* complément
indirect de *se souvient; prophètes* complément indirect de *a été
annoncé.*

L'élève analysera les compléments indirects.

Obéissons à la *voix* de notre conscience. Résistons à nos mauvais *penchants.* Le renard se moqua du *corbeau.* Les méchants se lient par
leurs *vices.* L'hypocrite parle contre sa *pensée.* Je plains celui qui obéit
à ses *passions.* Pataud jouait avec *Raton.* Tout ne finit pas avec la *vie.*
Nous convenons difficilement de nos *torts.* Une mère pardonne facilement à son *fils.* Le geai se para des *plumes* du paon. La moitié du
genre humain rit de *l'autre.* La fileuse vigilante ne manque jamais de
chemises. Il faut rendre à *César* ce qui appartient à *César.*

	comp. ind. de
Voix,	obéissons.
Penchants,	résistons.
Corbeau,	moqua.
Vices,	lient.
Pensée,	parle.
Passions,	obéit.
Raton,	jouait.
Vie,	finit.
Torts,	convenous.
Fils,	pardonne.
Plumes,	para.
L'autre,	rit.
Chemises,	manque.
César,	rendre.
César,	appartient.

*Les mots en italique sont compléments directs ou complé-
ments indirects; l'élève en fera la distinction.*

On connaît l'*arbre* (compl. dir.) à son *fruit* (compl. ind.). Dieu mesure le *vent* (c. d.) à la *brebis* (c. ind.) tondue. Faites du *bien* (c. d.) à
votre *prochain* (c. ind.). L'avare sacrifie son *honneur* (c. d.) à ses *intérêts* (c. ind.). Caïn et Abel offraient des *sacrifices* (c. d.) au *Seigneur*
(c. ind.). Dieu a formé l'*homme* (c. d.) du *limon* (c. ind.) de la terre.
Dieu donne la *nourriture* (c. d.) aux petits *oiseaux* (c. ind.). Aux *petits*
(c. ind) des oiseaux Dieu donne la *pâture* (c. d.). Préférons la *science*
(c. d.) aux *richesses* (c. ind.). Le père par un *conte* (c. ind.) égayait ses
discours (c. d.). Tous trois à l'*Eternel* (c. ind.) adressent leurs *prières*
(c. d.). Perrette sur sa *tête* (c. ind.) avait un *pot* (c. d.) au lait. Il faut
de ses *amis* (c. ind.) endurer *quelque chose* (c. d.). Tout bienfait avec
us (c. ind.) porte sa *récompense* (c. d.). Auguste au *monde* (c. ind.) en-

tier donne aujourd'hui la *paix* (c. d). Lycurgue donna à *Sparte* (c. ind.) des *lois* (c. d.) très-sages. Jésus–Christ séparera l'*ivraie* (c. d.) du bon *grain* (c. ind.). J'ai promis à mes *enfants* (c. ind.) de magnifiques *étrennes* (c. d.), s'ils obtiennent de bonnes *notes* (c. d.) de leur *maître* (c. ind.).

Remarques particulières sur les compléments.

122. Première remarque. *Le, la, les*, placés devant un verbe, sont toujours compléments directs de ce verbe :

> Le serpent mord le sein qui *le* réchauffe.
> La terre récompense celui qui *la* cultive.
> Les flatteurs vivent aux dépens de ceux qui *les* écoutent.

Le est complément direct de *réchauffe*.
La, complément direct de *cultive*.
Les, complément direct de *écoutent*.

123. Deuxième remarque. Le pronom relatif *que* est complément direct du verbe qui le suit :

> La *charité est la vertu* QUE *nous estimons le plus*.

Que, mis pour *laquelle* (*vertu*), est complément direct de *estimons*.

124. Troisième remarque. Les pronoms *lui, leur, dont, en, y*, sont ordinairement compléments indirects à cause de la préposition qu'ils renferment. Ex. :

> La *vérité finit toujours par surmonter les obstacles qu'on* LUI *oppose*.

Lui, pour *à elle*, est complément indirect de *oppose*.

> *Tous les hommes regrettent la vie lorsqu'elle* LEUR *échappe*.

Leur, mis pour *à eux*, est complément indirect de *échappe*.

> La *nature travaille sur un plan éternel* DONT *elle ne s'écarte jamais*.

Dont, mis pour *duquel*, est complément indirect de *s'écarte*.

> Le *bœuf rend à la terre autant qu'il* EN *tire*.

En, mis pour *d'elle*, est complément indirect de *tire*.

> *J'ai connu le malheur, et j'*Y *sais compatir*.

Y, mis pour *au malheur*, est complément indirect de *compatir*.

125. Quatrième remarque. Dans les verbes pronominaux, les pronoms *me, te, se, nous, vous, se*, sont tantôt compléments directs, tantôt compléments indirects.

Ils sont compléments directs quand on peut les remplacer par *moi, toi, lui, nous, vous, eux* :

Je *m'*applaudis,	mis pour :	j'applaudis *moi*.
Tu *t'*applaudis,	—	tu applaudis *toi*.
Il *s'*applaudit,	—	il applaudit *lui*.
Nous *nous* applaudissons,	—	nous applaudissons *nous*, etc.

126. Ils sont compléments indirects quand ils sont mis pour *à moi, à toi, à lui, à nous, à vous, à eux* :

Je *me* réponds,	mis pour :	je réponds *à moi*.
Tu *te* réponds,	—	tu réponds *à toi*.
Il *se* répond,	—	il répond *à lui*.
Nous *nous* répondons,	—	nous répondons *à nous*.

L'élève assignera une fonction aux mots en italique.

Paul *se* (compl. dir. de *réjouit*) réjouit. Je *le* (c. d. de *connais*) connais. Tu *t'* (c. d. de *appliques*) appliques. Le maître *vous* (c. d. de *récompensera*) récompensera. Le maître *vous* (c. ind. de *donnera*) donnera des récompenses. La modestie *me* (c. ind. de *plaît*) plaît; l'orgueil *m'* (c. d. de *irrite*) irrite. Dieu *t'* (c. d. de *a fait*) a fait pour *t'* (c. d. de *aimer*) aimer et non pour *le* (c. d. de *comprendre*) comprendre. L'orgueilleux *se* (c. d. de *flatte*) flatte et *se* (c. ind. de *donne*) donne toujours des éloges. La fortune *nous* (c. ind. de *ôte*) ôte la mémoire. Dieu *nous* (c. d. de *voit*) voit. Racontez-moi l'histoire *que* (c. d. de *avez racontée*) vous *lui* (c. ind. de *avez racontée*) avez racontée. Les flatteurs *vous* (c. d. de *féliciteront*) féliciteront toujours et ne *vous* (c. ind. de *diront*) diront jamais la vérité. La nature obéit aux lois *que* (c. d. de *a prescrites*) Dieu *lui* (c. ind. de *a prescrites*) a prescrites. J'étudie la grammaire et je *m'y* (c. ind. de *applique*) applique. Balthazar subit le châtiment *dont* (c. ind. de *avait menacé*) le prophète Daniel *l'* (c. d. de *avait menacé*) avait menacé. Les hirondelles font leur nid avec un art admirable, sans qu'on *leur* (c. ind. de *ait appris*) ait appris l'architecture. Nous diminuons nos maux en *les* (c. d. de *racontant*) racontant. Le chien oublie les mauvais traitements, ou ne s'*en* (c. ind. de *souvient*) souvient que pour s' (c. d. de *attacher*) attacher davantage. La lune reçoit du soleil la lumière *qu'* (c. d. de *envoie*) elle *nous* (c. ind. de *envoie*) envoie. Tout est sorti des mains de Dieu; nous *lui* (c. ind. de *devons*) devons la lumière *dont* (c. ind. de *jouissons*) nous jouissons, et l'air *que* (c. d. de *respirons*) nous respirons.

MODIFICATIONS DU VERBE.

127. Il y a cinq choses à considérer dans les verbes : le *mode*, le *temps*, le *nombre*, la *personne*, et la *conjugaison*.

Du mode.

128. *Mode* signifie *manière*. On appelle *modes* les différentes *manières* dont le verbe exprime l'état ou l'action.

129. Il y a cinq modes dans un verbe : l'*indicatif*, le *conditionnel*, l'*impératif*, le *subjonctif* et l'*infinitif*.

Chaque *mode* a sous sa dépendance un certain nombre de temps.

130. On appelle *temps* les différentes formes que prend le verbe pour marquer le moment auquel l'action a été faite.

131. Une action peut se rapporter à trois époques bien distinctes :

Ou elle a lieu présentement : *je parle;* ou elle a eu lieu antérieurement : *j'ai parlé;* ou elle aura lieu postérieurement : *je parlerai.*

132. Il y a donc, dans un verbe, trois temps principaux : le *présent*, le *passé* et le *futur.*

133. Le *présent* n'a qu'un degré, un seul point; il est indivisible et ne forme, par conséquent, qu'un seul temps.

Il n'en est pas de même du *passé* et du *futur*, dont les subdivisions forment tous les autres temps du verbe.

134. Envisagés sous un autre point de vue, les *temps* sont simples ou *composés*.

135. Les temps *simples* sont ceux qui se conjuguent sans le secours du verbe *avoir* ou du verbe *être* : *je parle, je parlais, je parlai*, etc.

136. Les temps *composés* sont ceux qui se conjuguent avec l'aide des *auxiliaires avoir* ou *être* : j'ai parlé, j'eus parlé, j'avais parlé, etc.

Nombre.

137. Il y a deux *nombres* dans les verbes : le *singulier* et le *pluriel*.

138. Un verbe est au *singulier*, si son sujet est *singulier* : je travaille, tu travailles, il (Paul) travaille.

139. Un verbe est au *pluriel*, si son sujet est au *pluriel* : nous travaillons, vous travaillez, ils (Paul et Julien) travaillent.

Personne.

140. Il y a trois *personnes* dans les verbes.

141. Un verbe est à la *première* personne, si son sujet est à la *première* personne : j'étudie, nous étudions.

142. Un verbe est à la *deuxième* personne, si son sujet est à la *deuxième* personne : tu étudies, vous étudiez.

143. Un verbe est à la *troisième* personne, si son sujet est à la *troisième* personne : il, elle, l'écolier *laborieux travaille* ; ils, elles, les écoliers *laborieux travaillent*.

144. Les temps du mode infinitif n'ont ni *personne* ni *nombre*, à l'exception du participe passé, qui subit toutes les modifications du genre et du nombre.

Conjugaison.

145. Les six mille verbes de la langue française se divisent en quatre classes, quatre familles, désignées sous le nom de *conjugaisons*.

146. La première conjugaison a le présent de l'infinitif terminé en er : *chanter, aimer*.

147. La deuxième en ir : *finir, avertir*.

148. La troisième en oir : *recevoir, devoir*.

149. La quatrième en re : *rendre, mordre*.

150. *Conjuguer* un verbe, c'est écrire ou réciter tous les temps de ce verbe dans un ordre déterminé.

Conjugaison du verbe ÊTRE.

Premier mode.

INDICATIF.

PRÉSENT.

Je suis.
Tu es.
Il est.
Nous sommes.
Vous êtes.
Ils sont.

IMPARFAIT.

J'étais.
Tu étais.
Il était.
Nous étions.
Vous étiez.
Ils étaient.

PASSÉ DÉFINI.

Je fus.
Tu fus.
Il fut.
Nous fûmes.
Vous fûtes.
Ils furent.

PASSÉ INDÉFINI.

J'ai été.
Tu as été.
Il a été.
Nous avons été.
Vous avez été.
Ils ont été.

PASSÉ ANTÉRIEUR.

J'eus été.
Tu eus été.
Il eut été.
Nous eûmes été.
Vous eûtes été.
Ils eurent été.

PLUS-QUE-PARFAIT.

J'avais été.
Tu avais été.
Il avait été.
Nous avions été.
Vous aviez été.
Ils avaient été.

FUTUR.

Je serai.
Tu seras.
Il sera.
Nous serons.
Vous serez.
Ils seront.

FUTUR ANTÉRIEUR.

J'aurai été.
Tu auras été
Il aura été.
Nous aurons été.
Vous aurez été.
Ils auront été.

Deuxième mode.

CONDITIONNEL.

PRÉSENT.

Je serais.
Tu serais.
Il serait.
Nous serions.
Vous seriez.
Ils seraient.

PASSÉ (1re *forme*).

J'aurais été.
Tu aurais été.
Il aurait été.
Nous aurions été.
Vous auriez été.
Ils auraient été.

PASSÉ (2e *forme*).

J'eusse été.
Tu eusses été.
Il eût été.
Nous eussions été.
Vous eussiez été.
Ils eussent été.

Troisième mode.

IMPÉRATIF.

PRÉSENT *ou* FUTUR.

Sois.
Soyons.
Soyez.

Quatrième mode.

SUBJONCTIF.

PRÉSENT *ou* FUTUR

Que je sois.
Que tu sois.
Qu'il soit.
Que nous soyons.
Que vous soyez.
Qu'ils soient.

IMPARFAIT.

Que je fusse.
Que tu fusses.
Qu'il fût.
Que nous fussions.
Que vous fussiez.
Qu'ils fussent.

PASSÉ.

Que j'aie été.
Que tu aies été.
Qu'il ait été.
Que nous ayons été.
Que vous ayez été.
Qu'ils aient été.

PLUS-QUE-PARFAIT.

Que j'eusse été.
Que tu eusses été.
Qu'il eût été.
Que nous eussions été.
Que vous eussiez été.
Qu'ils eussent été.

Cinquième mode.

INFINITIF.

PRÉSENT.

Être.

PASSÉ.

Avoir été.

PARTICIPE PRÉSENT.

Étant.

PARTICIPE PASSÉ.

Été, ayant été.

Conjugaison du verbe AVOIR.

Premier mode.

INDICATIF.

PRÉSENT.

J'ai.
Tu as.
Il a.
Nous avons.
Vous avez.
Ils ont.

IMPARFAIT.

J'avais.
Tu avais.
Il avait.
Nous avions.
Vous aviez.
Ils avaient.

PASSÉ DÉFINI.

J'eus.
Tu eus.
Il eut.
Nous eûmes.
Vous eûtes.
Ils eurent.

PASSÉ INDÉFINI.

J'ai eu.
Tu as eu.
Il a eu.
Nous avons eu.
Vous avez eu.
Ils ont eu.

PASSÉ ANTÉRIEUR.

J'eus eu.
Tu eus eu.
Il eut eu.
Nous eûmes eu.
Vous eûtes eu.
Ils eurent eu.

PLUS-QUE-PARFAIT.

J'avais eu.
Tu avais eu.
Il avait eu.
Nous avions eu.
Vous aviez eu.
Ils avaient eu.

FUTUR.

J'aurai.
Tu auras.
Il aura.
Nous aurons.
Vous aurez.
Ils auront.

FUTUR ANTÉRIEUR.

J'aurai eu.
Tu auras eu.
Il aura eu.
Nous aurons eu.
Vous aurez eu.
Ils auront eu.

Deuxième mode.

CONDITIONNEL.

PRÉSENT.

J'aurais.
Tu aurais.
Il aurait.
Nous aurions.
Vous auriez.
Ils auraient.

PASSÉ (1re *forme*).

J'aurais eu.
Tu aurais eu.
Il aurait eu.
Nous aurions eu.
Vous auriez eu.
Ils auraient eu.

PASSÉ (2e *forme*).

J'eusse eu.
Tu eusses eu.
Il eût eu.
Nous eussions eu.
Vous eussiez eu.
Ils eussent eu.

Troisième mode.

IMPÉRATIF.

PRÉSENT ou FUTUR.

Aie.
Ayons.
Ayez.

Quatrième mode.

SUBJONCTIF.

PRÉSENT ou FUTUR.

Que j'aie.
Que tu aies.
Qu'il ait.
Que nous ayons.
Que vous ayez.
Qu'ils aient.

IMPARFAIT.

Que j'eusse.
Que tu eusses.
Qu'il eût.
Que nous eussions.
Que vous eussiez.
Qu'ils eussent.

PASSÉ.

Que j'aie eu.
Que tu aies eu.
Qu'il ait eu.
Que nous ayons eu.
Que vous ayez eu.
Qu'ils aient eu.

PLUS-QUE-PARFAIT.

Que j'eusse eu.
Que tu eusses eu.
Qu'il eût eu.
Que nous eussions eu.
Que vous eussiez eu.
Qu'ils eussent eu.

Cinquième mode.

INFINITIF.

PRÉSENT.

Avoir.

PASSÉ.

Avoir eu.

PARTICIPE PRÉSENT

Ayant.

PARTICIPE PASSÉ.

Eu, ayant eu.

Ces deux verbes, *avoir* et *être*, sont appelés le plus souvent verbes *auxiliaires* parce qu'ils *aident* à conjuguer les autres : *Il est allé, il a couru.*

Première conjugaison, en ER.

INDICATIF.

PRÉSENT.

Je chant *e*.
Tu chant *es*.
Il chant *e*.
Nous chant *ons*.
Vous chant *ez*.
Ils chant *ent*.

IMPARFAIT.

Je chant *ais*.
Tu chant *ais*.
Il chant *ait*.
Nous chant *ions*.
Vous chant *iez*.
Ils chant *aient*.

PASSÉ DÉFINI.

Je chant *ai*.
Tu chant *as*.
Il chant *a*.
Nous chant *âmes*.
Vous chant *âtes*.
Ils chant *èrent*.

PASSÉ INDÉFINI.

J'ai chant *é*.
Tu as chant *é*.
Il a chant *é*.
Nous avons chant *é*.
Vous avez chant *é*.
Ils ont chant *é*.

PASSÉ ANTÉRIEUR.

J'eus chant *é*.
Tu eus chant *é*.
Il eut chant *é*.
Nous eûmes chant *é*.
Vous eûtes chant *é*.
Ils eurent chant *é*.

PLUS-QUE-PARFAIT.

J'avais chant *é*.
Tu avais chant *é*.
Il avait chant *é*.
Nous avions chant *é*.
Vous aviez chant *é*.
Ils avaient chant *é*.

FUTUR.

Je chant *erai*.
Tu chant *eras*.
Il chant *era*.
Nous chant *erons*.
Vous chant *erez*.
Ils chant *eront*.

FUTUR ANTÉRIEUR.

J'aurai chant *é*.
Tu auras chant *é*.
Il aura chant *é*.
Nous aurons chant *é*.
Vous aurez chant *é*.
Ils auront chant *é*.

CONDITIONNEL.

PRÉSENT.

Je chant *erais*.
Tu chant *erais*.
Il chant *erait*.
Nous chant *erions*.
Vous chant *eriez*.
Ils chant *eraient*.

PASSÉ (1re *forme*).

J'aurais chant *é*.
Tu aurais chant *é*.
Il aurait chant *é*.
Nous aurions chant *é*.
Vous auriez chant *é*.
Ils auraient chant *é*.

PASSÉ (2e *forme*).

J'eusse chant *é*.
Tu eusses chant *é*.
Il eût chant *é*.
Nous eussions chant *é*.
Vous eussiez chant *é*.
Ils eussent chant *é*.

IMPÉRATIF.

Chant *e*.
Chant *ons*.
Chant *ez*.

SUBJONCTIF.

PRÉSENT ou FUTUR.

Que je chant *e*.
Que tu chant *es*.
Qu'il chant *e*.
Que nous chant *ions*.
Que vous chant *iez*.
Qu'ils chant *ent*.

IMPARFAIT.

Que je chant *asse*.
Que tu chant *asses*.
Qu'il chant *ât*.
Que nous chant *assions*.
Que vous chant *assiez*.
Qu'ils chant *assent*.

PASSÉ.

Que j'aie chant *é*.
Que tu aies chant *é*.
Qu'il ait chant *é*.
Que nous ayons chant *é*.
Que vous ayez chant *é*.
Qu'ils aient chant *é*.

PLUS-QUE-PARFAIT.

Que j'eusse chant *é*.
Que tu eusses chant *é*.
Qu'il eût chant *é*.
Que nous eussions chant *é*.
Que vous eussiez chant *é*.
Qu'ils eussent chant *é*.

INFINITIF.

PRÉSENT.

Chant *er*.

PASSÉ.

Avoir chant *é*.

PARTICIPE PRÉSENT.

Chant *ant*.

PARTICIPE PASSÉ.

Chant *é*, chant *ée*, ayant chant *é*.

Deuxième Conjugaison, en IR.

INDICATIF.

PRÉSENT.

Je fin *is*.
Tu fin *is*.
Il fin *it*.
Nous fin *issons*.
Vous fin *issez*.
Ils fin *issent*.

IMPARFAIT.

Je fin *issais*.
Tu fin *issais*.
Il fin *issait*.
Nous fin *issions*.
Vous fin *issiez*.
Ils fin *issaient*.

PASSÉ DÉFINI.

Je fin *is*.
Tu fin *is*.
Il fin *it*.
Nous fin *îmes*.
Vous fin *îtes*.
Ils fin *irent*.

PASSÉ INDÉFINI.

J'ai fin *i*.
Tu as fin *i*.
Il a fin *i*.
Nous avons fin *i*.
Vous avez fin *i*.
Ils ont fin *i*.

PASSÉ ANTÉRIEUR.

J'eus fin *i*.
Tu eus fin *i*.
Il eut fin *i*.
Nous cûmes fin *i*.
Vous eûtes fin *i*.
Ils eurent fin *i*.

PLUS-QUE-PARFAIT.

J'avais fin *i*.
Tu avais fin *i*.
Il avait fin *i*.
Nous avions fin *i*.
Vous aviez fin *i*.
Ils avaient fin *i*.

FUTUR.

Je fin *irai*.
Tu fin *iras*.
Il fin *ira*.
Nous fin *irons*.
Vous fin *irez*.
Ils fin *iront*.

FUTUR ANTÉRIEUR.

J'aurai fin *i*.
Tu auras fin *i*.
Il aura fin *i*.
Nous aurons fin *i*.
Vous aurez fin *i*.
Ils auront fin *i*.

CONDITIONNEL.

PRÉSENT.

Je fin *irais*.
Tu fin *irais*.
Il fin *irait*.
Nous fin *irions*.
Vous fin *iriez*.
Ils fin *iraient*.

PASSÉ (1re *forme*).

J'aurais fin *i*.
Tu aurais fin *i*.
Il aurait fin *i*.
Nous aurions fin *i*.
Vous auriez fin *i*.
Ils auraient fin *i*.

PASSÉ (2e *forme*).

J'eusse fin *i*.
Tu eusses fin *i*.
Il eût fin *i*.
Nous eussions fin *i*.
Vous eussiez fin *i*.
Ils eussent fin *i*.

IMPÉRATIF.

Fin *is*.
Fin *issons*.
Fin *issez*.

SUBJONCTIF.

PRÉSENT ou FUTUR.

Que je fin *isse*.
Que tu fin *isses*.
Qu'il fin *isse*.
Que nous fin *issions*.
Que vous fin *issiez*.
Qu'ils fin *issent*.

IMPARFAIT.

Que je fin *isse*.
Que tu fin *isses*.
Qu'il fin *it*.
Que nous fin *issions*.
Que vous fin *issiez*.
Qu'ils fin *issent*.

PASSÉ.

Que j'aie fin *i*.
Que tu aies fin *i*.
Qu'il ait fin *i*.
Que nous ayons fin *i*.
Que vous ayez fin *i*.
Qu'ils aient fin *i*.

PLUS-QUE-PARFAIT.

Que j'eusse fin *i*.
Que tu eusses fin *i*.
Qu'il eût fin *i*.
Que nous eussions fin *i*.
Que vous eussiez fin *i*.
Qu'ils eussent fin *i*.

INFINITIF.

PRÉSENT.

Fin *ir*.

PASSÉ.

Avoir fin *i*.

PARTICIPE PRÉSENT.

Fin *issant*.

PARTICIPE PASSÉ.

Fin *i*, fin *ie*, ayant fin *i*

Troisième Conjugaison, en OIR.

INDICATIF.

PRÉSENT.

Je reç *ois.*
Tu reç *ois.*
Il reç *oit.*
Nous recev *ons.*
Vous recev *ez.*
Ils reçoiv *ent.*

IMPARFAIT.

Je recev *ais.*
Tu recev *ais.*
Il recev *ait.*
Nous recev *ions.*
Vous recev *iez.*
Ils recev *aient.*

PASSÉ DÉFINI.

Je reç *us.*
Tu reç *us.*
Il reç *ut.*
Nous reç *ûmes.*
Vous reç *ûtes.*
Ils reç *urent.*

PASSÉ INDÉFINI.

J'ai reç *u.*
Tu as reç *u.*
Il a reç *u.*
Nous avons reç *u.*
Vous avez reç *u.*
Ils ont reç *u.*

PASSÉ ANTÉRIEUR.

J'eus reç *u.*
Tu eus reç *u.*
Il eut reç *u.*
Nous eûmes reç *u.*
Vous eûtes reç *u.*
Ils eurent reç *u.*

PLUS-QUE-PARFAIT.

J'avais reç *u.*
Tu avais reç *u.*
Il avait reç *u.*
Nous avions reç *u.*
Vous aviez reç *u.*
Ils avaient reç *u.*

FUTUR.

Je recev *rai.*
Tu recev *ras.*
Il recev *ra.*
Nous recev *rons.*
Vous recev *rez.*
Ils recev *ront.*

FUTUR ANTÉRIEUR.

J'aurai reç *u.*
Tu auras reç *u.*
Il aura reç *u.*
Nous aurons reç *u.*
Vous aurez reç *u.*
Ils auront reç *u.*

CONDITIONNEL.

PRÉSENT.

Je recev *rais.*
Tu recev *rais.*
Il recev *rait.*
Nous recev *rions.*
Vous recev *riez.*
Ils recev *raient.*

PASSÉ (1re *forme*).

J'aurais reç *u.*
Tu aurais reç *u.*
Il aurait reç *u.*
Nous aurions reç *u.*
Vous auriez reç *u.*
Ils auraient reç *u.*

PASSÉ (2e *forme*).

J'eusse reç *u.*
Tu eusses reç *u.*
Il eût reç *u.*
Nous eussions reç *u.*
Vous eussiez reç *u.*
Ils eussent reç *u.*

IMPÉRATIF.

Reç *ois.*
Recev *ons.*
Recev *ez.*

SUBJONCTIF.

PRÉSENT *ou* FUTUR.

Que je reçoiv *e.*
Que tu reçoiv *es.*
Qu'il reçoiv *e.*
Que nous recev *ions.*
Que vous recev *iez.*
Qu'ils reçoiv *ent.*

IMPARFAIT.

Que je reç *usse.*
Que tu reç *usses.*
Qu'il reç *ût.*
Que nous reç *ussions.*
Que vous reç *ussiez.*
Qu'ils reç *ussent.*

PASSÉ.

Que j'aie reç *u.*
Que tu aies reç *u.*
Qu'il ait reç *u.*
Que nous ayons reç *u.*
Que vous ayez reç *u.*
Qu'ils aient reç *u.*

PLUS-QUE-PARFAIT.

Que j'eusse reç *u.*
Que tu eusses reç *u.*
Qu'il eût reç *u.*
Que nous eussions reç *u.*
Que vous eussiez reç *u.*
Qu'ils eussent reç *u.*

INFINITIF.

PRÉSENT.

Recev *oir.*

PASSÉ.

Avoir reç *u.*

PARTICIPE PRÉSENT.

Recev *ant.*

PARTICIPE PASSÉ.

Reç *u,* reç *ue,* ayant reç *u.*

Quatrième Conjugaison, en RE.

INDICATIF.

PRÉSENT.

Je rend *s*.
Tu rend *s*.
Il rend.
Nous rend *ons*.
Vous rend *ez*.
Ils rend *ent*.

IMPARFAIT.

Je rend *ais*.
Tu rend *ais*.
Il rend *ait*.
Nous rend *ions*.
Vous rend *iez*.
Ils rend *aient*.

PASSÉ DÉFINI.

Je rend *is*.
Tu rend *is*.
Il rend *it*.
Nous rend *îmes*.
Vous rend *îtes*.
Ils rend *irent*.

PASSÉ INDÉFINI.

J'ai rend *u*.
Tu as rend *u*.
Il a rend *u*.
Nous avons rend *u*.
Vous avez rend *u*.
Ils ont rend *u*.

PASSÉ ANTÉRIEUR.

J'eus rend *u*.
Tu eus rend *u*.
Il eut rend *u*.
Nous eûmes rend *u*.
Vous eûtes rend *u*.
Ils eurent rend *u*.

PLUS-QUE-PARFAIT.

J'avais rend *u*.
Tu avais rend *u*.
Il avait rend *u*.
Nous avions rend *u*.
Vous aviez rend *u*.
Ils avaient rend *u*.

FUTUR.

Je rend *rai*.
Tu rend *ras*.
Il rend *ra*.
Nous rend *rons*.
Vous rend *rez*.
Ils rend *ront*.

FUTUR ANTÉRIEUR.

J'aurai rend *u*.
Tu auras rend *u*.
Il aura rend *u*.
Nous aurons rend *u*.
Vous aurez rend *u*.
Ils auront rend *u*.

CONDITIONNEL.

PRÉSENT.

Je rend *rais*.
Tu rend *rais*.
Il rend *rait*.
Nous rend *rions*
Vous rend *riez*.
Ils rend *raient*.

PASSÉ (1re *forme*).

J'aurais rend *u*.
Tu aurais rend *u*.
Il aurait rend *u*.
Nous aurions rend *u*.
Vous auriez rend *u*.
Ils auraient rend *u*.

PASSÉ (2e *forme*).

J'eusse rend *u*.
Tu eusses rend *u*.
Il eût rend *u*.
Nous eussions rend *u*.
Vous eussiez rend *u*.
Ils eussent rend *u*.

IMPÉRATIF.

Rend *s*.
Rend *ons*.
Rend *ez*.

SUBJONCTIF.

PRÉSENT ou FUTUR.

Que je rend *e*.
Que tu rend *es*.
Qu'il rend *e*.
Que nous rend *ions*.
Que vous rend *iez*.
Qu'ils rend *ent*.

IMPARFAIT.

Que je rend *isse*.
Que tu rend *isses*.
Qu'il rend *ît*.
Que nous rend *issions*.
Que vous rend *issiez*.
Qu'ils rend *issent*.

PASSÉ.

Que j'aie rend *u*.
Que tu aies rend *u*.
Qu'il ait rend *u*.
Que nous ayons rend *u*.
Que vous ayez rend *u*.
Qu'ils aient rend *u*.

PLUS-QUE-PARFAIT.

Que j'eusse rend *u*.
Que tu eusses rend *u*.
Qu'il eût rend *u*.
Que nous eussions rend *u*.
Que vous eussiez rend *u*.
Qu'ils eussent rend *u*.

INFINITIF.

PRÉSENT.

Rend *re*.

PASSÉ.

Avoir rend *u*.

PARTICIPE PRÉSENT.

Rend *ant*.

PARTICIPE PASSÉ.

Rend *u*, rend *ue*, ayant rend *u*.

RADICAL ET TERMINAISONS.

151. Tout verbe se compose de deux parties bien distinctes : l'une, qui ne change pas, appelée *radical;* l'autre, qui varie continuellement, appelée *terminaison.*

152. Pour obtenir le radical d'un verbe, il faut mettre ce verbe au présent de l'infinitif, et retrancher la partie qui indique à quelle conjugaison il appartient, c'est-à-dire *er* pour la première, *ir* pour la deuxième, et *re* pour la quatrième (1). Ainsi le radical des verbes *chanter, finir, rendre,* est *chant, fin, rend.*

Il est donc toujours très-facile à l'élève de trouver le radical d'un verbe donné.

Le tableau suivant présente sous un même coup d'œil les terminaisons des trois conjugaisons régulières.

1ʳᵉ conj.	2ᵉ conj.	4ᵉ conj.

INDICATIF. PRÉSENT.

1ʳᵉ conj.	2ᵉ conj.	4ᵉ conj.
e	is	s
es	is	s
e	it	d
ons	issons	ons
ez	issez	ez
ent	issent	ent

IMPARFAIT.

1ʳᵉ conj.	2ᵉ conj.	4ᵉ conj.
ais	issais	ais
ais	issais	ais
ait	issait	ait
ions	issions	ions
iez	issiez	iez
aient	issaient	aient

PASSÉ DÉFINI.

1ʳᵉ conj.	2ᵉ conj.	4ᵉ conj.
ai	is	is
as	is	is
a	it	it
âmes	îmes	îmes
âtes	îtes	îtes
èrent	irent	irent

FUTUR.

1ʳᵉ conj.	2ᵉ conj.	4ᵉ conj.
erai	irai	rai
eras	iras	ras
era	ira	ra
erons	irons	rons
erez	irez	rez
eront	iront	ront

(1) Les verbes de la troisième conjugaison ayant une conformation toute particulière, et les moins irréguliers présentant trois radicaux différents, nous ne nous en occuperons pas ici, non plus qu'au tableau général des terminaisons.

CONDITIONNEL. présent.

erais	irais	rais
erais	irais	rais
erait	irait	rait
erions	irions	rions
eriez	iriez	riez
eraient	iraient	raient

IMPÉRATIF.

e	is	s
ons	issons	ons
ez	issez	ez

SUBJONCTIF. présent.

e	isse	s
es	isses	es
e	isse	e
ions	issions	ions
iez	issiez	iez
ent	issent	ent

IMPARFAIT.

asse	isse	isse
asses	isses	isses
ât	ît	ît
assions	issions	issions
assiez	issiez	issiez
assent	issent	issent

INFINITIF. présent.

er	ir	re

PARTICIPE PRÉSENT.

ant	issant	ant

PARTICIPE PASSÉ.

é, ée	i, ie	u, ue

EXERCICES.

Verbes à conjuguer :

1° Être poli, *en remplaçant* il *par* Paul, *et* ils *par* Paul et Julien.
2° Estimer,
3° Réunir, *en séparant le radical des terminaisons.*
4° Vendre,
5° Apercevoir.

Remarques qui résultent naturellement de notre Tableau des terminaisons.

153. 1° La seconde personne du singulier de tous les verbes se termine par la lettre *s : tu chantes, tu annonças, tu chériras,* *que tu respires, que tu vendisses.* Excepté à l'impératif des verbes de la première conjugaison : *travaille, accepte, prie.*

Il est très-important de retenir que la seconde personne du singulier de l'impératif est semblable à la première personne du singulier de l'indicatif présent. On écrira donc sans *s*, *aime, chante, souffre,* de *j'aime, je chante, je souffre ;* à moins que l'impératif ne soit suivi d'un des pronoms *en, y ;* alors le verbe prend un *s* euphonique : *cueilles–en, retournes-y.*

154. 2° La première conjugaison a toujours un *e* muet à la terminaison du conditionnel présent et du futur simple, ce qui n'a pas lieu pour les verbes des trois autres conjugaisons. Ainsi on écrira avec un *e*, *je lierai (du blé), tu confieras (un secret) —* et sans *e*, *je lirai (ma leçon), tu confiras (des prunes).*

155. 3° Tous les verbes, à quelque conjugaison qu'ils appartiennent, se terminent au singulier du subjonctif présent par *e, es, e : que je voie, que tu croies, qu'il rie.*

156. 4° Les verbes qui ont le radical terminé par un *i* ou par un *y,* comme *ni-er, pay-er,* auront nécessairement de suite deux *i,* ou un *y* et un *i,* chaque fois que la terminaison commencera par un *i,* c'est-à-dire aux deux premières personnes du pluriel de l'imparfait de l'indicatif et du présent du subjonctif : *nous niions, que vous niiez; vous payiez, que nous payions.*

157. 5° Les verbes qui ont un *é* fermé pour dernière lettre du radical, comme *agré-er cré-er,* etc. auront deux *e* de suite chaque fois que la terminaison commencera par un *e* muet : *je cré e, tu cré es.* Au participe passé féminin, ils auront trois *e : cré ée.*

158. Nota. Quand deux verbes se suivent, le second se met à l'infinitif présent : *un homme vertueux fait aimer la vertu.*

159. Les quatre prépositions *à, de, pour, sans,* veulent toujours le verbe suivant au présent de l'infinitif.

EXERCICES.

L'élève conjuguera en séparant le radical des terminaisons :

1° Tarder, tordre, *en regard.*
2° Parier, sourire, *en regard.*
3° Effrayer.
4° Suppléer.

Remarques sur l'accord du verbe avec son sujet.

160. Le verbe s'accorde en nombre et en personne avec son sujet. Ex. :

Je récite. Récite s'accorde avec son sujet *je,* qui est à la première personne du singulier. Il a pour terminaison *e.*

Tu travailles. Travailles s'accorde avec son sujet *tu,* qui est de la seconde personne du singulier. Il a pour terminaison *es.*

Paul joue. *Joue* s'accorde avec son sujet *Paul*, qui est à la troisième personne du singulier. Il a pour terminaison E.

Les serpents rampent. *Rampent* s'accorde avec son sujet *serpents*, qui est à la troisième personne du pluriel. Il a pour terminaison ENT.

161. Quand un verbe a plusieurs sujets singuliers, il se met au pluriel. Ex. :

Le bœuf RUMINE. *Le bœuf et le chameau* RUMINENT. — *César·* ÉTAIT *le rival de Pompée. César et Pompée* ÉTAIENT *rivaux.*

162. Si les sujets sont de différentes personnes, le verbe se met au pluriel et s'accorde avec la personne qui a la priorité :

Votre FRÈRE *et* MOI *nous* PARTIRONS.

163. On dit et on écrit :

C'est moi qui SUIS,
C'est toi qui ES,
C'est lui (Paul) qui EST,
C'est nous qui SOMMES, etc.

C'est moi qui PRÉTENDS,
C'est toi qui PRIERAS,
C'est lui qui A PARDONNÉ,
C'est nous qui RÉPONDRONS, etc.

parce que, dans chacune de ces phrases, le pronom relatif *qui*, sujet du verbe, s'accorde en nombre et en personne avec l'antécédent (*moi, toi, lui, nous,* etc).

164. Dans ces exemples : *Ces fleurs, je les* ARROSE ; *mes enfants, je vous* INSTRUIRAI, il faut écrire *arrose, instruirai*, à la première personne du singulier, et non *arrosent, instruirez*, parce que les pronoms complément, *les, vous*, ne peuvent exercer aucune influence sur l orthographe de ces verbes.

PREMIÈRE CONJUGAISON.

EXERCICES SUR LA PREMIÈRE CONJUGAISON.

INDICATIF. PRÉSENT.

J'*affirme.* Tu *pries.* Il *amasse.* Nous *attribuons.* Vous *héritez.* Ils *donnent.* C'est moi qui *travaille.* C'est lui qui *ordonne.* Ce sont eux qui *glissent.* Ces leçons, tu les *copies* et je les *récite.* Les hommes *cultivent.* Dieu *arrose.* On *flatte* les tyrans, mais il est rare qu'on les *aime.* Le temps *passe*, disons-nous; nous nous *trompons :* le temps *reste*, c'est nous qui *passons.* Les faveurs de la fortune *ressemblent* aux charmes du visage : on ne les *conserve* pas longtemps.

IMPARFAIT.

J'*acceptais.* Tu *adoptais.* Il *blâmait.* Nous *créions.* Vous *étudiiez.* Ils *refusaient.* C'est moi qui *accordais.* C'est lui qui *méritait.* C'est nous qui *amplifiions.* C'est vous qui *gratifiiez.* Les éclairs *brillaient*, la foudre *grondait.* Les grenouilles *demandaient* un roi. Autrefois vous *accentuiez* mal tous les mots.

PASSÉ DÉFINI.

J'*offensai*. Nous *pardonnâmes*. Tu *enseignas*. Vous *profitâtes*. Il *économisa*. Ils *gaspillèrent*. C'est toi qui le *présentas*. C'est vous qui nous *présentâtes*. C'est nous qui vous *présentâmes*. C'est moi qui le *présentai.* Ce sont eux qui nous *présentèrent.* Saint Pierre *renia* et le coq *chanta*. Les juges *condamnèrent* Socrate. Noé *planta* la vigne et s'*enivra*.

PASSÉ INDÉFINI.

Il *a cherché*. Tu *as trouvé*. Nous *avons affirmé*. Vous *avez nié*. Paul et Julien *ont arpenté*. Est-ce toi qui *as dessiné?* Est-ce vous qui *avez calqué?* L'agneau *a bélé*. Le vent et la pluie *ont redoublé*. Votre timidité vous *a troublé*.

PASSÉ ANTÉRIEUR.

Vous *eûtes fauché*. J'*eus fané*. Il *eut moissonné*. Nous *eûmes glané*. Tu *eus vendangé*. Ils *eurent grappillé*.

PLUS-QUE-PARFAIT.

J'*avais remué*. Vous *aviez bougé*. Elle *avait augmenté*. Nous *avions diminué*. Ils *avaient risqué* leur vie. C'est moi qui *avais veillé* le pauvre malade. Ce n'est pas toi, Charles, qui *avais trompé* ton ami. Cette histoire m'*avait intéressé*. Julie et Louise m'*avaient plaisanté*. La sévérité de notre maître l'*avait déconcerté*. Deux renards *avaient trouvé* un trésor.

FUTUR.

Je *nouerai*. Il *dénouera*. Nous *avouerons*. Elles *communieront*. Tu *suppléeras*. Vous *accentuerez*. Est-ce toi qui *distribueras?* Ce n'est pas nous qui les *tromperons*. Il *payera* de sa personne. Nous *crierons* la nouvelle sur les toits. Les roseaux *plieront*. Les chênes se *briseront*. L'exercice et la tempérance *fortifieront* votre santé. Moïse a dit : Tu ne *tueras* point, tu ne *déroberas* point, tu n'*oublieras* point le Seigneur ton Dieu. Le laboureur diligent *cultivera* et *récoltera*. Le ciel et la terre *passeront*. Mon Dieu, je vous *aimerai* de tout mon cœur. Nous *apprécierons* vos bonnes qualités.

FUTUR ANTÉRIEUR.

Il *aura déjeûné*. Nous *aurons dîné*. J'*aurai monté*. Vous *aurez voyagé*. Tu *auras favorisé*. Ils *auront obligé*. C'est moi qui *aurai pensé*. C'est toi qui *auras exécuté*. C'est vous qui *aurez possédé*. C'est nous qui *aurons vérifié*. J'*aurai terminé* que tu *auras commencé* à peine.

CONDITIONNEL. PRÉSENT.

Tu *prierais*. Nous *agréerions*. Vous *balayeriez*. Paul et Julien *étudieraient.* Comment, c'est toi qui *bafouerais* tes amis! Je ne *rayerais* pas ces mots s'ils étaient utiles. Le paresseux *désirerait* manger l'amande, mais il ne *casserait* pas le noyau. Les avares *amasseraient* tout l'or du Pérou qu'ils en *souhaiteraient* encore.

PASSÉ (1ʳᵉ *forme*).

J'*aurais regardé*. Tu *aurais fixé*. Il *aurait cligné*. Nous *aurions sourcillé*. Vous *auriez louché*. Ils *auraient lorgné*.

PASSÉ (2e *forme*).

Il *eût marché*. Tu *eusses trotté*. Vous *eussiez galopé*. J'eusse *gambadé*. Nous *eussions sauté*. Ils *eussent dansé*.

IMPÉRATIF.

Écoute tes maîtres. *Oublions* nos querelles. *Pardonnez* à vos ennemis. *Orthographie* mieux tes devoirs. *Ménagez* votre temps. *Noue* les cordons de tes souliers. *Nouons* les cordons de nos souliers. *Nouez* les cordons de vos souliers.

SUBJONCTIF. PRÉSENT.

Il faut que je *certifie*, que tu *oublies*, qu'il se *défie*, que nous *conviions*, que vous *suppléiez*, qu'ils *acceptent*. Je désire que vous *variiez* vos occupations. Il faut que chacun *paye* son tribut à la nature. Il est bon que les enfants se *récréent* après le travail.

IMPARFAIT.

Il faudrait que je *bêchasse*, que tu *plantasses*, qu'il *semât*, que nous *arrosassions*, que vous *désherbassiez*, qu'ils *récoltassent*. Je désirerais que vous *travaillassiez* avec plus d'ardeur, et que vous *employassiez* mieux votre temps. Dieu exigea qu'Abraham *sacrifiât* son fils Isaac, mais il ne permit pas que ce sacrifice s'*exécutât*. Je voudrais que tu ne *détournasses* pas ton visage du pauvre, afin que Dieu ne *détournât* pas son visage de toi.

PASSÉ.

Il est impossible que j'*aie calomnié*, que tu *aies péché*, qu'il *ait apostasié*, que nous *ayons renié*, que vous *ayez juré*, qu'ils *aient blasphémé*.

PLUS-QUE-PARFAIT.

Il aurait fallu que j'*eusse parlé*, que tu *eusses écouté*, qu'il *eût examiné*, que nous *eussions discuté*, que vous *eussiez rectifié*, qu'ils *eussent approuvé*.

INFINITIF. PRÉSENT.

Teiller, filer, dévider.

PASSÉ.

Avoir cardé, avoir tricoté, avoir tissé.

PARTICIPE PRÉSENT.

Entonnant, chantant, chevrotant.

PARTICIPE PASSÉ.

Plié, cacheté, timbré.

Devoir traduit au pluriel.

Les *chats* miaulent. Les *chiens* aboient. Les *loups* hurlent. Les *vaches* beuglent. Les *enfants* crient. Les *hommes* parlent. Les *rossignols* chantent. Les *corbeaux* croassent. Les *moucherons* bourdonnent. Les *pies* jasent. Les vilains *serpents* sifflent. Les petits *poulets* piaulent. Les *drapeaux* nationaux flottent. Les *bombes* meurtrières s'échappent, s'élèvent, tombent, éclatent, brisent tout. Les *montres* marchent, retardent, s'arrêtent. Les *feux* brillent, petillent, brûlent, se consument entièrement. Ces jeunes *écoliers* étudient et récitent. Les *détails* ennuient. Les *filous* dérobent et se sauvent. Les *genoux* plient. Les *chacals* dévorent leur proie. Les *maréchaux* ferrent les chevaux. Les *soupiraux* éclairent. *Nous* nous récréions *Vous* admiriez le courage. *Vous* réprimandâtes cet écolier. *Nous* parlions et *vous* écoutiez. *Ils* jouent et *vous* travaillez. Ces jeunes *agneaux* bêlent, bêlaient, avaient bêlé. *Nous* désirons que *vous* essayiez cette plume. *Nous* désirerions que *vous* essayassiez cette plume. *Vous* vous noyiez, *nous* essayâmes de vous sauver. *Vous* souhaitez que *nous* nous réconciliions avec nos amis. *Nous* allâmes l'an dernier à la campagne, où *vous* nous accompagnâtes. *Nous* prions, *nous* priions, *nous* priâmes, *nous* prierons Dieu; *priez*-le aussi.

Devoir traduit au singulier.

L'*écolier* paresseux aime le jeu et déteste l'étude. *J'*aime les fleurs et je les cultive. Jolie petite rose, *tu* embaumes le jardin et tu charmes l'odorat. Ce *chien* te caresse, et *tu* le frappes. Mon enfant, *tu* joueras, et ton *maître* se mêlera à tes jeux, si tu travailles avec ardeur. Si *tu* pratiques la vertu, ne fréquente pas la compagnie des méchants : confierais-tu ta bourse à un voleur? *Tu* contribuerais à une bonne action si tu la louais de bon cœur. L'*homme* taille, façonne, moule, pétrit; il ne crée et ne créera jamais : le plus grand *génie* ne créerait pas un moucheron. Ne te *fie* pas à *celui* qui ne se fie à personne. A Rome, on ne voulait pas de *victoire* qui coûtât trop de sang. *Frappe*, mais écoute. *Tu* frappes et tu n'écoutes pas. C'est *toi* qui as herborisé sur la montagne, et c'est *moi* qui ai chassé dans la plaine. Est ce *toi* qui allas l'an passé aux eaux du Mont-d'Or? *Je* cachetai cette lettre, et *tu* la déposas à la poste. *Tu* recherches les rieurs, et moi, *je* les évite.

Remarques particulières sur l'orthographe de certains verbes réguliers appartenant à la première conjugaison.

165. 1° Les verbes terminés au présent de l'infinitif par *cer*, comme *avancer, prononcer*, ont deux radicaux : *avanc, prononc,* — *avanç, prononç.*

Le *c* du radical prend une cédille, quand la terminaison commence par *a* ou par *o* : *nous avanç... ons, il prononç... a.* Dans tous les autres cas, on n'emploie pas la cédille.

166. 2° Les verbes terminés à l'infinitif par *ger*, comme *ménager, partager*, ont deux radicaux : *ménag, partag,* — *ménage, partage.*

Le radical prend *e* après le *g*, si la terminaison commence par *a* ou par *o* : *ménage... ons, qu'ils partage... assent.*

167. 3° Les verbes terminés au présent de l'infinitif par *eler*, *eter* : *appeler, jeter*, ont deux radicaux : *appel, jet,* — *appell, jett.*

Les consonnes *l* et *t* se redoublent, si la terminaison commence par un *e* muet : *ils jett-*ent, *nous appell-*erons. Dans tous les autres cas, le redoublement n'a pas lieu.

168. Remarque. Cette exception ne concerne pas les verbes en *eler, eller*, comme *bêler, quereller;* en *eter, etter*, comme *arrêter, regretter*. Ces verbes ont un radical unique et se conjuguent exactement sur le modèle de la première conjugaison.

169. 4° Les verbes de la première conjugaison qui ont un *e* muet à l'avant-dernière syllabe, comme *amener*, *soulever*, ont deux radicaux : *amen, soulev*, — *amèn, soulèv*.

L'*e* du radical s'écrit sans accent, quand la terminaison ne commence pas par un *e* muet : *vous amen-ez, tu soulev-as*. L'*e* du radical prend un accent grave, si la terminaison commence par un *e* muet : *il amèn-e, je soulèv-erai*.

170. 5° Les verbes de la première conjugaison qui ont un *e* fermé à l'avant-dernière syllabe, comme *espérer, empiéter*, ont deux radicaux : *espér, empiét*, — *espèr, empièt*.

L'*e* du radical est ouvert si la terminaison commence par un *e* muet : *j'espèr... e, il empièt... e*. Dans tous les autres cas, l'*e* du radical reste fermé : *nous espér... ions, ils empiét... aient*.

171. Remarque. Les verbes en *éger*, comme *abréger, assiéger, protéger*, sont exceptés de cette règle; ils conservent l'*é* fermé dans toute leur conjugaison, et ont conséquemment un radical unique : *j'abrége, tu protégerais*, etc.

172. 6° Les verbes terminés à l'infinitif présent par *yer* : *coudoyer, appuyer*, ont deux radicaux : *coudoy, appuy*, — *coudoi, appui*.

L'*y* final du radical se change en un *i*, chaque fois que la terminaison commence par un *e* muet : *je coudoi-erai, qu'il appui-e*. Dans tous les autres cas, on emploie l'*y* : *nous coudoy-âmes, appuy-ez*.

173. Cependant, si le verbe est terminé par *ayer*, comme *effrayer, payer*, ou par *eyer*, comme *grasseyer*, il est d'usage, à cause de la prononciation, de conserver l'*y* dans toute la conjugaison : *j'effraye, il payera, Paul grasseye*.

Remarquez de nouveau que tous les verbes en *yer*, et, en général, tous ceux qui ont le participe présent terminé par *yant*, prennent un *y* et un *i* de suite aux deux premières personnes plurielles de l'imparfait de l'indicatif et du présent du subjonctif : *nous pl--*ions, vous *appuy*iez; que nous *fuy*ions, que vous *croy*iez.

L'élève conjuguera, en séparant le radical des terminaisons, les verbes suivants :

1° Menacer.   4° Protéger.   7° Abréger.
2° Partager.   5° Soulever.   8° Côtoyer.
3° Niveler.   6° Précéder.   9° Bégayer

Fondre dans une seule conjugaison les six verbes suivants :

Appeler.   Renoncer.   Amener.
Jeter.   Essuyer.   Espérer.

MODÈLE DU DEVOIR.

INDICATIF. présent.

J'appelle.   *Il renonce.*   *Vous amenez.*
Tu jettes.   *Nous essuyons.*   *Ils espèrent,* etc.

EXERCICES SUR LES REMARQUES DE LA PREMIÈRE CONJUGAISON.

INDICATIF. présent.

Je *mène.* Tu *complètes.* Il *envoie.* Nous *avançons.* Vous *achetez.* Ils *appellent.* Nous *renonçons* à la paresse. La mort *nivelle* tout. Trop de plaisir *ennuie.* Ces él ves *répètent* comme des perroquets. Les nuages s'*amoncellent.* L'intempérance *abrége* la vie. Tu t'*apitoies* sur ce malheureux. Les épis vides *lèvent* la tête. Les oiseaux *becquettent* les meilleurs fruits. C'est l'or qui *possède* les avares et non les avares qui *possèdent* l'or. La nature *est* un miroir qui *reflète* à nos yeux la grandeur et la majesté de Dieu.

IMPARFAIT.

Je *commençais.* Tu *plongeais.* Il *régnait.* Nous *broyions.* Vous *appuyiez.* Ils *jetaient.* La mort nous *menaçait.* Nous *défrayions* nos amis. Crésus *nageait* dans l'opulence. Les Cyclopes *forgeaient* les foudres. Vous *ployiez* sous le malheur. L'armée française *avançait*; les ennemis *engageaient* le feu : la victoire *balançait.*

PASSÉ DÉFINI.

Je *feuilletai.* Vous *chancelâtes.* Il *ensemença.* Nous *exerçâmes.* Tu *rédigeas.* Ils *pincèrent.* Moïse *changea* les eaux du Nil en sang. Cet homme nous *obligea,* nous le *soulageâmes.* Nous *devançâmes* nos rivaux. Pourquoi *révélas*-tu ce secret?

FUTUR.

Tu *élèveras.* Vous *cachetterez.* Il *considérera.* Nous *achèverons.* Je m'*essuierai.* Ils *étayeront.* Dieu *protégera* les gens de bien. Tu *préféreras* l'utile à l'agréable. Vous *regretterez* le temps perdu. Nos vertus nous *frayeront* le chemin du ciel.

CONDITIONNEL. présent.

Vous *céderiez.* Je *lèverais.* Nous *nettoierions.* Il *attellerait.* Ils *remueraient.* Tu *égayerais* tes amis. Avec un point d'appui, on *soulèverait* la terre. Ce n'est pas moi qui *répéterais* une calomnie, et qui *altèrerais* la vérité. Certaines gens se *noieraient* dans un verre d'eau.

IMPÉRATIF.

Paye tes dettes. Ne *forçons* point notre talent. *Rappelle*-toi tes promesses. N'*attelez* pas tous vos bœufs à la même charrue. *Emploie* mieux ton temps. *Employons* mieux notre temps. *Employez* mieux votre temps.

SUBJONCTIF. présent.

Il faut que j'*abrége,* que nous *essuyions,* qu'il *envoie,* que nous *épelions,* que tu *sèmes,* qu'il *règne.* Que Dieu vous *protége.* Tu *réussiras* pour peu que tu *essayes.* Il faut que chacun *balaye* devant sa porte. Les princes veulent qu'on les *récrée* sans cesse. Il est important que nous vous *confiions* ce secret et que vous ne le *révéliez* à personne. L'équité veut que nous ne *partions* pas à coup sûr. Dieu veut que nous le *glorifiions* et que nous *sanctifiions* son nom.

Il faudrait que tu *traçasses*, qu'il *agréât*, que je *prolongeasse*, que vous *essuyassiez*, que nous *prononçassions*, qu'ils *jugeassent*. Je désirerais qu'on *érigeât* des statues aux bienfaiteurs de l'humanité. On trouverait mauvais que tu ne *t'occupasses* que de toi. Nous voudrions que le ciel *exauçât* nos vœux les plus insensés. Alexandre craignait que ses généraux ne *célébrassent* ses funérailles par des batailles sanglantes. Les anciens ordonnaient qu'on *jetât* les parricides à la mer.

Devoir traduit au pluriel.

Nous nageons. *Vous* chancelez. *Ils* nivellent. *Nous* renouvellerons. Que *nous* interpellions. Qu'*ils* entremêlent. *Vous* cachetez. *Ils* empiètent. *Nous* tudoyâmes. *Nous* vous guettons. *Achevez*. *Nous* employons. *Vous* employiez. *Ils* employèrent. Que *nous* foudroyions. Que *vous* nettoyiez. Qu'*ils* aboient. *Vous* croyiez. *Nous* niions. Que *vous* appuyassiez. *Vous* sciiez du bois. *Nous* vendangeons notre clos. *Nous* soulageons les pauvres. *Nous* traçons cette page. *Nous* croyions que *vous* criiez au secours. *Vous* vous noyiez; *nous* plongeâmes et vous ramenâmes sains et saufs au rivage. Pauvres aveugles, autrefois *vous* vous désennuyiez par la lecture, vous variiez vos occupations, vous ne mendiiez pas et vous ne ployiez pas sous le malheur. Dieu veut que *vous* le priiez sans cesse, que vous croyiez en lui, et que vous espériez en son infinie miséricorde. *Nous* ne tolérerons pas que *vous* riiez du mal des autres, que vous vous égayiez à leurs dépens, que vous les railliez, et que vous les ennuyiez par vos sarcasmes. Quand *nous* étions enfants, nous employions notre temps à des lectures futiles, et nous nous ennuyions de tout ce qui n'était qu'instructif. Quand *nous* confions nos peines, nous les allégeons. Quand *nous* confiions nos peines, nous les allégions. *Vous* humiliez ce malheureux; il faut que vous vous apitoyiez sur son sort et que vous ne le mortifiiez pas par vos refus hautains. Quand *nous* sommes seuls, nous songeons à nos défauts: *songez* aussi aux vôtres, flagellez votre amour-propre, et vous deviendrez meilleurs. *Réglez* vos pensées, pesez vos paroles, ne projetez que de bonnes actions, et employez sagement votre temps.

Devoir traduit au singulier.

J'enlève. Il dénonça. *J'achève. Tu* achètes. *Il* parsèmera. *Tu* parsèmes. Que *j'*enlève. Que *tu* enlèves. Qu'*il* enlevât. *Persévère. Je* persévère. Que *tu* persévérasses. *Je* le protège. *Il* égayerait. *Il* égayera. *Délaye. Je* renouvelle. Que *je* prête. Que *tu* regrettes. *Tu* empiètes. *Je* nettoie. *Je* nettoyais. *Tu* broierais. *Tu* broyais. Que *tu* broies. *Côtoye.* Que *je* tutoie. Que *tu* tutoies. *Tu* furètes partout. *Il* soulagea les orphelins. *Tu* grasseyes. Pourquoi altères-*tu* la vérité? *Emploie* mieux ton temps. *Tu* répètes toujours la même chose, et tu nous ennuies. Le *juge* se prononça en sa faveur. *Je* paye ce que j'achète. *Tu* ménageais ta santé. *Je* renouvelle mon bail. *Tu* cachettes une lettre. *Elève* bien ton fils, ne tolère point ses défauts. Jette dans son cœur de bonnes semences. *Je* me rappelle toujours avec plaisir mes bonnes actions. *Pèse* mûrement tout ce que tu projettes; procède avec mesure.

DEUXIÈME CONJUGAISON.

EXERCICES SUR LES VERBES RÉGULIERS DE LA DEUXIÈME CONJUGAISON.

INDICATIF PRÉSENT.

J'*établis*. Tu *salis*. Il *trahit*. Nous *avertissons*. Vous *guérissez*. Ils *ralentissent*. Tu *obéis* à tes parents et tu les *chéris*. Vous *remplissez* vos devoirs. Les arbres *grossissent, grandissent, pourrissent*. Les rayons du soleil nous *éblouissent*.

PASSÉ INDÉFINI.

Nous *avons rétabli*. Il *a puni*. Tu *as réuni*. Elles *ont tari*. Vous *avez défini*. J'ai *franchi*. Paul et Julien *ont réussi* dans ce travail difficile. Louis XVI *a aboli* la torture. Tu *as agi* avec discernement si tu *as choisi* un ami véritable. Les obstacles n'*ont* pas *ralenti* le zèle de saint Vincent de Paul.

SUBJONCTIF PRÉSENT.

Il faut que nous *polissions*, que tu *dépolisses*, qu'il *démolisse*, que vous *aplatissiez*, que je *dégrossisse*, qu'ils *arrondissent*. Nous doutons que tu *réussisses* sans une application soutenue. Ne crains pas que le travail te *vieillisse*. Il est bon que les jeunes gens ne s'*amollissent* pas et qu'ils s'*aguerrissent* à la fatigue. Il n'y a rien qui *rafraîchisse* le sang comme une bonne action.

IMPARFAIT DE L'INDICATIF.

Je *pâlissais*. Vous *rougissiez*. Il *ourdissait*. Tu *assainissais*. Nous *bâtissions*. Ils *agrandissaient*. Le jeune Télémaque *unissait* la douceur à la modestie. Les Sybarites *bannissaient* les coqs de leur ville. Les Romains *nourrissaient* des oies sacrées. Les anciens *pétrissaient* le pain dans des arbres creux. Le commerce et la navigation *enrichissaient* les Phéniciens. Tobie et son fils *ensevelissaient* les morts.

IMPÉRATIF.

Accomplis tes devoirs. *Accomplissons* nos devoirs. *Accomplissez* vos devoirs. Ne te *réjouis* pas du malheur d'autrui. Ne vous *réjouissez* pas du malheur d'autrui. Ne nous *réjouissons* pas du malheur d'autrui.

FUTUR SIMPLE.

J'*appauvrirai*. Tu *enrichiras*. Vous *saisirez*. Ils *raviront*. Nous *ternirons*. L'étude *embellira* et *remplira* tes jours. Vous *applaudirez* au courage. Les arbres *reverdiront* au printemps et *jauniront* en automne. Jésus-Christ a dit : J'*anéantirai* le temple de Dieu et le *rebâtirai* en trois jours. Nous nous *enrichirons* par le travail et l'économie. Le travail et l'économie nous *enrichiront*. Vous *guérirez* par la diète. La diète dit aux malades : Je vous *guérirai*.

PASSÉ DÉFINI.

Vous *envahîtes*. Il *fléchit*. Nous *fournîmes*. Ils *garnirent*. Tu *dégarnis*. Vous *pâlîtes* à sa vue. Nous *gravîmes* les flancs escarpés de la montagne. Clovis *ternit* les dernières années de son règne. Les eaux de la mer Rouge *engloutirent* les Égyptiens. Une éruption du Vésuve *engloutit* Herculanum. Les Francs *franchirent* le Rhin, *envahirent* les Gaules et s'y *établirent*.

Devoir traduit au pluriel.

Nous faiblissions. *Vous* aviez faibli. *Ils* eurent dégarni. *Ils* eussent dégarni. Que *nous* ayons approfondi. Que *vous* eussiez ourdi. Qu'*ils* démolissent. Qu'*ils* démolissent. *Vous* avez assaini. *Pétrissez. Nous* équarrirons. *Vous* aurez pâti. Les *chaleurs* de l'été mûrissent les moissons. *Choisissez* bien vos amis. Les *roses* vieillissent en naissant. *Vous* vieillirez sans vous en douter. *Saisissez* l'occasion aux cheveux. Les *avares* enfouissent leur âme avec leur trésor. Hier *vous* subîtes un affront. A quoi réfléchissez-*vous* en ce moment? *Nous* punirons les élèves *qui* saliront leurs livres. Quand *nous* aurons réfléchi, nous agirons résolument. *Vous* guérirez de l'ennui par le travail. Les *travaux* enrichissent. Nos *travaux* nous enrichiront. Les bons *vins* réjouissent le cœur de l'homme. *Nous* chérissons nos parents. Si *vous* ne guérissez pas de vos vices, vous finirez par leur obéir comme des *esclaves* obéissent à leur maître.

Devoir mis au singulier.

Je chérirai. *Tu* chérirais. *Il* chérit. *Il* chérit. *Je* refroidissais. *Tu* eus verni. J'éclaircissais. J'éclaircis. Que *tu* aies enfoui. J'avais rajeuni. Que *tu* rôtisses. *Il* aurait approfondi *Il* eut enseveli. *Il* eût enseveli. Qu'*il* adoucisse. Qu'*il* adoucit. *Tu* chéris l'étude. *Tu* chéris toujours l'étude. *Tu* réussirais si tu agissais autrement. Le *médecin* guérit les maladies du corps; un bon *livre* guérit celles de l'âme. *Je* préfère celui *qui* rougit à celui *qui* pâlit. Ne *trahis* jamais la confiance de personne. Il faut que j'aie fini ce travail ce soir. Le *philosophe* se réjouit de sa pauvreté. Si *tu* espères, tu jouis. *Tu* bâtis sur le sable. La *feuille* frémit, le *lion* rugit, le *taureau* mugit, le *cheval* hennit. Toujours la *feuille* a frémi, le *lion* a rugi, le *taureau* a mugi, le *cheval* a henni. Toujours la *feuille* frémira, le *lion* rugira, le *taureau* mugira, le *cheval* hennira

Remarques particulières sur certains verbes de la deuxième conjugaison.

174. Quelques verbes de la seconde conjugaison sont irréguliers, c'est-à-dire qu'ils ne se conjuguent pas dans tous leurs temps d'après notre tableau des terminaisons.

Ces verbes sont :

1° *Bénir*

2° *Fleurir.*

3° *Haïr.*

4° *Venir* (1), *tenir* et leurs composés.

5° *Mentir, partir, sentir, sortir, repentir* (se).

6° *Courir, mourir, quérir* et ses composés.

7° *Couvrir, offrir, ouvrir, cueillir, souffrir, tressaillir, bouillir, fuir, acquérir.*

---

(1) Certains verbes se conjuguent dans leurs temps composés avec l'auxiliaire *être.* Tels sont, parmi les verbes irréguliers de la deuxième conjugaison. *mourir, venir* et la plupart de ses composés : *je suis venu, tu es revenu, il est mort.*

175. 1° *Béni*, lorsqu'il est adjectif, a deux formes : *béni, bénie; bénit, bénite.* Cette dernière se dit des choses consacrées par une cérémonie religieuse : *du pain* BÉNIT, *de l'eau* BÉNITE. Dans tous les autres cas, on se sert de *béni, bénie : peuple* BÉNI, *nation* BÉNIE *de Dieu*.

Remarquez que *béni*, employé comme participe, c'est-à-dire conjugué avec un auxiliaire, ne prend jamais le *t*, quelle que soit son acception : *Dieu a* BÉNI *la famille d'Abraham; le prêtre a* BÉNI *les drapeaux*.

176. 2° *Fleurir* est régulier quand il est employé dans le sens propre, c'est-à-dire lorsqu'il signifie *donner, produire des fleurs : ces tulipes* FLEURISSAIENT *ce matin;* mais employé au figuré, dans le sens d'*être dans un état prospère*, il fait *florissant* au participe présent, et *je florissais* à l'imparfait de l'indicatif : *Athènes* FLORISSAIT *sous Périclès*. Dans tous les autres temps, il se conjugue régulièrement.

177. 3° Le verbe *haïr* prend un tréma dans toute sa conjugaison, excepté au singulier de l'indicatif présent et de l'impératif : *je hais, tu hais, il hait — hais*.

178. 4° Tous les verbes en *enir* se terminent au passé défini par *ins, ins, int, înmes, întent, inrent*, et à l'imparfait du subjonctif par *insse, insses, înt, inssions, inssiez, inssent*. Ex. : *Je vins, tu vins, il vint, nous vînmes, vous vîntes, ils vinrent — que je vinsse, que tu vinsses, qu'il vînt, que nous vinssions*, etc.

Tous ces verbes prennent deux *n* devant un *e* muet : *que je vienne, que tu viennes, qu'il vienne, (que nous venions, que vous veniez), qu'ils viennent* (Voir 167).

179. 5° Les verbes *mentir, partir, sentir, sortir, repentir* (se), perdent le *t* final du radical aux deux premières personnes du singulier du présent de l'indicatif : *je mens, je pars, je sens; tu mens, tu pars, tu sens;* et à l'impératif : *mens, pars, sens*.

180. 6° *Courir, mourir, quérir*, et leurs composés, prennent deux *r* au futur simple et au conditionnel présent : *je courrai, tu mourras, il acquerrait, nous conquerrions*, etc.

181. 7° Dans leurs irrégularités, les verbes *couvrir, offrir, ouvrir, cueillir, souffrir, tressaillir, bouillir, fuir, acquérir*, ne présentent rien que nous puissions généraliser. Pour se les rendre familiers, les élèves les conjugueront verbalement.

182. REMARQUE. On confond souvent les verbes en *ir*, de la seconde conjugaison, avec les verbes en *ire*, de la quatrième. On écrit par *ire* ceux qui ont le participe présent en *isant* ou *ivant*; tels sont : *lire, dire, écrire*, qui font au participe présent, *lisant, disant, écrivant*.

On écrit sans *e* tous les autres verbes en *ir : finir, venir, souffrir, — finissant, venant, souffrant*.

Bruire, maudire, rire et son composé *sourire*, sont les seuls qui prennent un *e*, quoique la finale du participe présent ne soit ni *isant*, ni *ivant*.

EXERCICES SUR LES REMARQUES PARTICULIÈRES DE LA DEUXIÈME CONJUGAISON.

INDICATIF. PRÉSENT.

Je *mens*. Tu *hais*. Il *cueille*. Nous *fuyons*. Vous *acquérez*. Ils *tressaillent*. Elle *bout*. Tu *sors*. Ils *viennent*. Paul se *repent*. Paul et Julien se *repentent*. On se *repent* souvent d'avoir parlé, jamais de s'être tu. Nous *haïssons* l'injustice. Si tu *hais* les vices, tu es à demi corrigé. Qui *sert* bien son pays n'a pas besoin d'aïeux. Il n'est pire eau que l'eau qui *dort*. Les malades prudents *requièrent* le médecin. Les petits cadeaux *entretiennent* l'amitié. Ceux à qui tout le monde *convient conviennent* rarement à tout le monde.

IMPARFAIT.

Je *souffrais*. Nous *fuyions*. Tu *conquérais*. Il *tressaillait*. Vous *bouilliez*. Ils *haïssaient*. Comme vous *fuyiez* ! Tu *venais* comme je *partais*. Nous *cueillions* ces fleurs printanières. Maître corbeau *tenait* un fromage dans son bec. Les anciens se *servaient* de la lance et du javelot. Les premiers chrétiens *souffraient* la mort avec courage. L'Égypte *florissait* sous le long règne de Ptolémée Philadelphe. La violette *fleurissait* sous la mousse.

PASSÉ DÉFINI.

Nous *haïmes*. Il *vint*. Tu *entretins*. Vous *parvîntes*. Je *conquis*. Nous *souffrîmes*. Ils *cueillirent*. Je *haïs*. Alexandre *mourut* à la fleur de l'âge. Ève *cueillit* et *mangea* du fruit défendu. Judas *trahit* le divin Maître et se *repentit*. Nous *partîmes* de grand matin, nous *parcourûmes* le bois, nous *cueillîmes* des noisettes, vous *survîntes*, vous *accourûtes* vers nous, nous *tressaillîmes* de joie à votre approche, nous vous *offrîmes* de partager notre récolte, vous *consentîtes*, nous *sortîmes* ensemble de la forêt, et nous *revînmes* à la ville, contents de notre journée.

PASSÉ INDÉFINI.

Il *a cueilli*. Nous *avons ouvert*. Il *a tenu*. Tu *as découvert*. Vous *avez acquis*. Ils *ont obtenu*. Nous *avons couru* de grands dangers. Vous l'avez *accueilli* avec bienveillance. Christophe Colomb *a découvert* l'Amérique. Le prêtre *a béni* ce mariage. La désobéissance d'Adam *a ouvert* la porte à tous les crimes. Les Gaules *ont appartenu* longtemps aux Romains. Adam répondit au Seigneur : Ce n'est pas moi qui *ai cueilli* du fruit défendu.

FUTUR SIMPLE.

Je *viendrai*. Il *obtiendra*. Vous *acquerrez*. Tu *accourras*. Nous *tressaillirons*. Ils *bouilliront*. Si tu sèmes le vent, tu *recueilleras* la tempête. On vous *pardonnera* les fautes dont vous *conviendrez*. Tel tu auras vécu, tel tu *mourras*. Tu *conviendras* de tes torts, tu te *repentiras*, tu ne *mentiras* plus, tu *tiendras* tes promesses, tu *secourras* les malheureux, et je *redeviendrai* ton ami.

CONDITIONNEL. PRÉSENT.

Tu *interviendrais*. Vous *fuiriez*. Il *parcourrait*. Ils *mourraient*. Je *conquerrais*. Nous *cueillerions*. Sans peine, tu ne *parviendrais* à rien. Si nous vivions d'espérance, nous *courrions* risque de mourir de faim. Vous ne *mentiriez* jamais, si vous connaissiez toute la lâcheté du mensonge. Si l'agneau s'éloignait du pasteur, il *deviendrait* la proie du loup affamé. Pauvre petit agneau, si tu t'éloignais du pasteur, tu *deviendrais* la proie du loup affamé.

IMPÉRATIF.

Mourons, s'il le faut, pour notre patrie. Ne *hais* pas ton prochain. *Tenez* vos engagements. *Acquiers* une bonne renommée, puis repose-toi. *Acquérez* une bonne renommée, puis reposez-vous. *Acquérons* une bonne renommée, puis reposons-nous.

SUBJONCTIF. présent.

Il faut que je *coure*, que tu *acquières*, qu'il *meure*, que nous *fuyions*, que vous *requériez*, qu'ils *maintiennent*, que nous *cueillions*, que vous *concouriez*. La loyauté ordonne que nous *tenions* fidèlement toutes nos promesses. Est-il un scélérat qui *meure* sans remords? Élevez votre âme si haut, que les offenses ne *parviennent* pas jusqu'à elle. Que la haine et le ressentiment *meurent* promptement dans ton cœur. Je désire que tu *acquières* de l'instruction et que tu *deviennes* meilleur. Il est important que nous *acquérions* des connaissances utiles.

IMPARFAIT.

Il fallait que je *parcourusse*, que nous *survinssions*, que tu *soutinsses*, que vous *recueillissiez*, qu'il *vînt*, qu'ils *tinssent*. Il serait bon que vous *vinssiez* me voir et que vous me *tinssiez* au courant de cette affaire. Que vouliez-vous qu'il *fît* contre trois? — Qu'il *mourût*. Je désirerais que cet enfant *acquît* de l'instruction et *devînt* meilleur. Il serait possible que vous ne *parvinssiez* pas à l'âge mûr. Il serait à souhaiter que le riche *secourût* toujours le pauvre. Les enfants voudraient que l'instruction leur *vînt* sans peine.

PARTICIPE PRÉSENT.

Accourant. Tressaillant. Accueillant. Requérant. L'enfant ouvre les yeux en *venant* au monde. L'eau s'évapore en *bouillant*. Jésus sauva le monde en *mourant* sur la croix.

PARTICIPE PASSÉ.

Cueilli. Ouvert, Mort. Couru. Requis. Reste *découvert* devant les vieillards. Le mal est plus tôt *venu* que *parti*. *Secouru* à temps, un noyé peut être sauvé. Bien mal *acquis* ne profite jamais. Pauvre bouquet, à peine *cueilli*, te voilà *flétri!* Un homme *prévenu* en vaut deux. Connaissez-vous la fable : Le Lion *devenu* vieux?

Devoir mis au pluriel.

Nous haïssons. *Vous* haïssez. *Vous* vîntes. *Ils* tinrent. Qu'*ils* tinssent. Que *nous* mourions. *Nous* cueillîmes. *Nous* tressaillons. *Nous* tressaillions. *Vous* acquérez. *Nous* acquerrons. Que *vous* acquériez. *Acquérez.* Que *vous* obteniez. *Nous* convenons. *Nous* convînmes. Que *nous* convenions. Que *nous* convinssions. *Vous* fuyez. Que *vous* fuyiez. *Nous* bouillirons. Petits *poissons* deviendront grands. *Vous* obtiendrez la bienveillance par la politesse et par la douceur. Les *vertus* mêmes s'acquièrent par l'exercice. Les *menteurs* en viennent à se tromper eux-mêmes. *Ceux* qui tiennent la chaîne ne sont pas beaucoup plus libres que *ceux* qui la portent. *Vous* fuyiez et *nous* courions après vous. Si *nous* courions un danger, nous secourriez-vous? Cela dit, maîtres *loups* s'enfuirent et courent encore. Si *nous* revoyions nos fils, *nous* mourrions contents. Si *nous* revoyons nos fils, nous mourrons contents. Si *vous* acquérez de l'instruction, vous deviendrez meilleurs. Si *vous* acquériez de l'instruction, vous deviendriez meilleurs. Il faut que *vous* acquériez de l'instruction et que *vous* deveniez meilleurs. Il faudrait que *vous* acquissiez de l'instruction et que vous devinssiez meilleurs. *Vous* acquîtes de l'instruction et devîntes meilleurs. *Acquérez* de l'instruction et devenez meilleurs. Chaque fois que *nous* acquérons de l'instruction, nous sentons que nous devenons meilleurs. *Paul* et *Julien* acquièrent de l'instruction et devinrent meilleurs. Vous aussi, mes enfants, *vous* acquerrez de l'instruction, non pas seulement pour devenir plus savants, mais aussi, mais surtout pour devenir meilleurs.

Devoir mis au singulier.

Je pars. *Tu* sors. Que *je* coure. Que *tu* meures. Qu'*il* parcoure. *Je* parviens. *Je* parvins. Que *je* parvinsse. *Tu* conquiers. *Tu* conquérais. *Tu* cueilles. *Tu* cueillais. *Il* bout. *Je* fuis. *Je* fuyais. Le *courtisan* hait souvent ceux qu'il loue. Si *tu* pars d'une erreur, tu n'aboutiras pas à la vérité. Puisque la charité veut que *je* secoure mon prochain, je le secourrai. L'*ambitieux* court après la *richesse*, qui le fuit. Charmante hirondelle, *tu* pars en automne et *tu* reviens au printemps. *Je* meurs tous les jours. Tôt ou tard, *je* mourrai. Dans le doute, *abstiens*-toi. Dans le doute, il est sage que *tu* t'abstiennes. Dans le doute, il serait à désirer que l'*homme* s'abstînt. Si *tu* souffres, recours à la prière. Si *je* souffrais, je recourrais à la prière. Quand *je* souffrirai, je recourrai à la prière. *Tu* guérirais bien vite, si tu recourais à la prière quand tu souffres. Lorsque *Paul* souffre, il recourt à la prière et il guérit.

TROISIÈME CONJUGAISON.

183. Les verbes de la troisième conjugaison sont tous plus ou moins irréguliers. Voici les principaux :

Recevoir, apercevoir, concevoir, décevoir, percevoir, devoir, pourvoir, prévoir, surseoir, asseoir, mouvoir, voir, pouvoir, prévaloir, savoir, valoir, vouloir.

Les élèves s'exerceront dans la conjugaison de ces verbes. Les remarques suivantes leur en faciliteront l'étude.

184. 1° Les verbes *apercevoir, concevoir, décevoir, percevoir*, se conjuguent sur le modèle du verbe *recevoir*. La consonne *c* de ces verbes prend une cédille devant les voyelles *o, u* : *je reçois, tu aperçus, qu'il ait conçu* (Voir 165).

185. 2° On met un accent circonflexe sur l'*u* du participe passé des verbes *devoir* et *redevoir*, mais seulement au masculin singulier : *dû, redû*.

186. 3° *Pouvoir, valoir, vouloir*, s'écrivent par un *x* aux deux premières personnes du singulier de l'indicatif présent : *je peux, je veux, je vaux; tu peux, tu veux, tu vaux*.

187. 4° *Voir* et *pouvoir* prennent deux *r* au futur simple et au conditionnel présent : *je verrai, je pourrais* (Voir 170).

188. REMARQUE. Tous les verbes qui ont pour son final *oir* appartiennent à la troisième conjugaison, excepté *boire* et *croire*, qui prennent un *e*.

EXERCICES SUR LA TROISIÈME CONJUGAISON.

INDICATIF. PRÉSENT.

Je *reçois*. Nous *recevons*. Tu *vaux*. Vous *prévalez*. Il *faut*. Ils *meuvent*. Quand un enfant *aperçoit* la lune dans un seau, il la *veut*. Il *pleut* rarement en Égypte. Nous ne *voyons* pas toujours les choses telles qu'elles sont. Les hommes *voient* les choses sous des points de vue différents. On *reçoit* l'homme d'après l'habit qu'il porte. Un bon cœur ne *conçoit* pas l'égoïsme. Nous *devons* les cerises à Lucullus. Si tu *veux* te corriger d'un défaut, aujourd'hui *vaut* mieux que demain. Je m'*aperçois* que le maître m'*aperçoit*. La Bruyère a dit : Le sot ne s'*assied* ni ne se *lève* comme l'homme d'esprit. L'or *vaut* moins que les diamants ; les diamants valent moins que la vertu.

IMPARFAIT.

Je *devais*. Tu *voulais*. Il *pleuvait*. Nous *voyions*. Vous vous *asseyiez*. Ils *pourvoyaient*. Le bouc ne *voyait* pas plus loin que son nez. Nous *pourvoyions* à tout. Annibal *savait* vaincre, mais il ne *savait* pas profiter de la victoire. Que *vouliez*-vous qu'il fît contre trois? Sous le règne de Henri IV, le sucre *valait* quinze francs la livre. Les premiers hommes ne *savaient* pas retrouver le feu.

PASSÉ DÉFINI.

Je *pourvus*. Nous *aperçûmes*. Il *fallut*. Vous *vîtes*. Tu *prévalus*. Ils s'*assirent*. Ah! mon habit, que je *valus* hier, grâce à votre valeur! Une grenouille *vit* un bœuf qui lui *sembla* de belle taille. Nous *voulûmes* et vous ne *voulûtes* pas. Alexandre et Napoléon *conçurent* et *exécutèrent* de grandes choses.

PASSÉ INDÉFINI.

Tu *as dû*. Vous *avez déçu*. Il a *plu*. Ils *ont valu*. J'ai *sursis*. Nous *avons voulu*. Tu *as su* la nouvelle avant moi. J'ai *conçu* un projet auquel *j'ai dû* renoncer. La bonté de Dieu *a prévu* tous nos besoins et y a *pourvu*. Avez-vous *prévu* toutes les suites d'une indiscrétion? Les astronomes *ont aperçu* des taches dans le soleil.

FUTUR SIMPLE.

Je *devrai*. Nous *pourvoirons*. Tu *verras*. Vous *vaudrez*. Il *faudra*. Elles *recevront*. Je *verrai* bientôt comment vous *saurez* vos leçons. Quand tu *sauras* travailler, tu *pourvoiras* toi-même à tes besoins. La vie est un dépôt dont nous *devrons* un jour rendre compte. Les paresseux ne *sauront* jamais rien. *Concevra* qui *pourra*. *S'asseoira* qui *voudra*.

CONDITIONNEL. PRÉSENT.

Il *prévoirait*. Nous *décevrions*. Tu *mouvrais*. Ils *vaudraient*. Je *pourrais*. Vous *apercevriez*. Christophe Colomb promit une récompense à celui de ses matelots qui *apercevrait* le premier la terre. Ne fais pas à autrui ce que tu ne *voudrais* pas qu'on te fît. Tu *devrais* toujours te mettre en garde contre le mensonge : il *vaudrait* mieux que tu fusses muet que menteur. *Pourriez*-vous me dire quelle est la plante la plus utile à l'homme? Je vous *verrais* avec plaisir répondre à cette question.

IMPÉRATIF.

Pourvois-toi. *Pourvoyons*-nous. *Pourvoyez*-vous. *Veuille* vous couvrir. *Sache* tes leçons. *Sachez* vos leçons. *Sachons* nos leçons.

SUBJONCTIF. présent.

On désire que je *conçoive*, que tu *voies*, qu'il *pleuve*, que nous *pourvoyions*, que vous *sachiez*, qu'ils *puissent*, que tu *vailles*, que nous *valions*, que j'*aperçoive*, que nous *apercevions*, que je *prévoie*, que tu *prévoies*, qu'il *prévoie*, que nous *prévoyions*, que Paul *veuille*, que Paul et Julien *veuillent*. Je doute qu'il *pleuve* ce soir. Je crains que tu ne *puisses* réussir. Je regrette que tu ne *veuilles* pas suivre mes avis. L'instruction est le seul bien que la fortune ne *puisse* nous ravir.

IMPARFAIT.

On désirerait que je *pourvusse* à mes besoins, que tu *visses* plus clair, que Paul *sût* ses leçons, qu'il *plût* moins souvent, que nous *reçussions* des félicitations, que vous *conçussiez* mieux les choses, que Paul et Julien ne se *prévalussent* pas de leurs avantages, que nous *pussions* nous lever de bonne heure, que les juges *sursissent* à leur jugement, que nous nous *aperçussions* de nos défauts et que nous *voulussions* nous en corriger.

PARTICIPE PRÉSENT.

Décevant. Prévoyant. Sachant. Joseph pleura en *apercevant* Benjamin. On se délasse en *s'asseyant*. On perd souvent en *voulant* trop gagner.

PARTICIPE PASSÉ.

Dû. Reçu. Valu. Assis. Il faut rendre à chacun ce qui lui est *dû*. L'espoir *déçu* est implacable. Souviens-toi d'un service *reçu*. Voilà un devoir bien *conçu*.

Devoir mis au pluriel.

Nous apercevons. *Vous* aperçûtes. *Ils* apercevront. Que *nous* concevions. *Nous* dûmes. *Vous* pourvoirez. Que *nous* valions. Que *nous* valussions. *Vous* émouviez. *Nous* voyions. *Nous* voyons. Que *nous* voyions. *Vous* voyez. *Vous* voyiez. *Voyez. Nous* avons perçu. *Vous* eûtes sursis. *Ils* avaient conçu. *Nous* aurons prévu. *Vous* auriez dû. Que *nous* ayons dû. Que *vous* eussiez valu. Les *receveurs* reçoivent. Les *percepteurs* perçoivent. *Nous* énonçons clairement ce que nous concevons bien. Les *hommes* se doivent à leur patrie. *Nous* savons une chose, c'est que nous ne savons rien. Les *maîtres* veulent que *nous* sachions bien nos leçons. Les *avares* ne savent donc pas qu'ils doivent mourir un jour? *Nous* voudrions pouvoir soulager tous les malheureux que nous voyons. *Nous* aurions voulu pouvoir soulager tous les malheureux que nous voyions. Les *hommes* se voient d'un autre œil qu'ils ne voient leur prochain. La justice veut que *vous* vous voyiez du même œil que vous voyez votre prochain. Ces *leçons* valent bien un fromage.

Devoir traduit au singulier.

Je conçois. *Je* concevais. *Je* conçus. *Conçois.* Il devra. Il devrait. *Je* peux. *Tu* vaux. Que *je* sache. Que *tu* vailles. Qu'*il* prévoie. Que j'*aperçusse*. Que *tu* puisses. Qu'*il* voulût. *Tu* aperçois une paille dans l'œil de ton voisin, et tu ne vois pas la poutre qui est dans le tien. *Pourvois-*toi longtemps à l'avance contre la vieillesse. *Je* me pourvoirai contre la vieillesse. Il faut que *tu* veuilles ce que tu ne peux empêcher. Ne te *prévaux* pas de tes avantages. L'*homme* se voit rarement tel qu'il est. *Sache* réprimer les passions. Si *tu* veux qu'on t'épargne, épargne les autres. Ne *mens* pas si tu veux qu'on te croie sur parole. Il vaut mieux que *tu* ne saches rien que de savoir mal. Il vaudrait mieux que *tu* ne susses rien que de savoir mal. *Tu* pourras tout ce que tu voudras, si tu ne veux que des choses justes. On veut, et *tu* ne veux pas ; tu voudras, et l'on ne voudra plus. On a beau *te* flatter, tu n'en vaux pas mieux pour cela. On aura beau *te* flatter, tu n'en vaudras pas mieux pour cela. On *te* flattera sans que tu en vailles mieux pour cela.

QUATRIÈME CONJUGAISON.

EXERCICES SUR LES VERBES RÉGULIERS DE LA QUATRIÈME CONJUGAISON.

INDICATIF. présent.

Je *rends*. Tu *réponds*. Il *rit* (1). Nous *entendons*. Vous *tondez*. Ils *vendent*. L'écho *répond*. Dieu *entend* nos prières. La chaleur *corrompt* la viande. C'est moi qui *entends* et c'est lui qui *répond*. Pourquoi ne *réponds*-tu pas quand on t'*interroge*? Tous les fleuves se *perdent* dans la mer. Je *hais* les chiens qui *mordent* quand on les *caresse*. Nous *descendons* tous du même père. L'expérience et la réflexion nous *rendent* sages. C'est de toi seul que *dépendent* ton honneur et ta réputation. Le fat se *sourit* à lui-même, tandis que l'ironie et la satire *sourient* autour de lui.

IMPARFAIT.

Je *défendais*. Tu *revendais*. Il *correspondait*. Nous *riions*. Vous *souriiez*. Ils *corrompraient*. Nous *perdions* au jeu. Vous *fondiez* des balles. Est-ce toi qui *attendais?* Comme nous *riions* de bon cœur quand nous *étions* au collége ! Les Grecs *descendaient* des Egyptiens. Les Romains *prétendaient* que Romulus *descendait* du dieu Mars. Diogène *tendait* la main à une statue, pour s'accoutumer, disait-il, au refus.

PASSÉ DÉFINI.

Tu *répondis*. Vous *sourîtes*. Il *interrompit*. Nous *confondîmes*. Ils *descendirent*. Je *tendis*. C'est nous qui *pendîmes* la crémaillière. Est-ce vous qui *défendîtes* cette juste cause? Les Etats-Unis *dépendirent* longtemps de l'Angleterre. L'âne *vint* à son tour et dit : Je *tondis* de ce pré la largeur de ma langue. Judas *vendit* son Maître et se *pendit* de désespoir.

FUTUR SIMPLE.

Nous *répandrons*. Je *répondrai*. Vous *refondrez*. Tu *détordras*. Elles *rendront*. Il *démordra*. Vous *perdrez* vos mauvaises habitudes, et je vous *rendrai* mon estime. *Rira* bien qui *rira* le dernier. Quand tu seras à table, tu *étendras* soigneusement la serviette, tu *attendras* qu'on te serve, tu *rompras* proprement ton pain, tu *étendras* ton vin de beaucoup d'eau, tu ne *répandras* pas de sauce sur la nappe, tu ne *prétendras* pas aux meilleurs morceaux, tu n'*interrompras* personne, et tu *répondras* avec douceur à tout ce que l'on te *demandera*.

---

(1) *Rire, sourire*. et les verbes *rompre, corrompre, interrompre*, se conjuguent régulièrement sur le verbe *rendre*. Seulement, à la troisième personne du singulier de l'indicatif présent, ils ajoutent un *t* au radical : il *rit*, il *sourit, il rompt*, etc.

CONDITIONNEL. PRÉSENT.

Je *tordrais*. Nous *perdrions*. Il *épandrait*. Vous *vendriez*. Tu *entendrais*. Ils *suspendraient*. Les avares *tondraient* un œuf. Sans la vertu, vous *prétendriez* vainement au bonheur. Si mon pays était attaqué, je le *défendrais*. Nous *revendrions* ces marchandises, que nous *perdrions* certainement. Les flatteurs *corrompraient* le meilleur naturel.

IMPÉRATIF.

Apprenez votre leçon. *Apprends* ta leçon. *Apprenons* nos leçons. *Tords* ton linge, puis *étends* le. *Défends* ton ami absent. Jésus répondit aux Pharisiens : *Rendez* à César ce qui appartient à César.

SUBJONCTIF. PRÉSENT.

Que je *rompe*, que tu *souries*, qu'il *reperde*, que nous *pourfendions*, que vous *riiez*, qu'ils *tordent*. De tous les êtres de la création, l'homme est le seul qui *rie*. Il faut qu'un berger *tonde* ses moutons, et non qu'il les *écorche*.

IMPARFAIT.

Il faudrait que je *défendisse* le faible, que tu ne *perdisses* pas la tramontane, que Paul *répondît* poliment, que nous ne *confondissions* pas l'éducation avec l'instruction, que vous *rissiez* moins haut, que Paul et Julien *correspondissent* ensemble. Il serait ridicule que vous *prétendissiez* tout savoir. Il serait à désirer que les amis *s'attendissent* pour mourir le même jour. Autrefois, les Vénitiens étaient les seuls qui *fabriquassent* et *vendissent* les glaces.

PARTICIPE PRÉSENT.

On aggrave ses torts en *répondant*. L'accusé pâlit en *entendant* prononcer son arrêt. On voyait à Athènes un fou *vendant* la sagesse. Le cou élevé du cygne semble figurer la proue d'un navire *fendant* les ondes. L'ingratitude des enfants, c'est la bouche *mordant* la main qui lui porte la nourriture. Ne mentez jamais, même en *riant*.

PARTICIPE PASSÉ.

Défendu. Tordu. Fendu. Ri. Corrompu. Le temps *perdu* ne se retrouve jamais. Damoclès voyait un glaive *suspendu* sur sa tête. Relisez souvent l'histoire touchante de Joseph *vendu* par ses frères. Un bienfait *reproché* est un bienfait *perdu*.

Devoir mis au pluriel.

Nous prétendons. *Vous* souriiez. *Ils* détordront. *Nous* avions rompu. *Perdez* au jeu. *Nous* perdrions si nous jouions, mais nous ne jouons pas. Vos *maîtres* ne veulent pas que *vous* les interrompiez à tout moment ; ils voudraient aussi que vous ne répandissiez pas de l'encre comme vous en répandez. *Nous* attendons à la porte et nous nous y morfondons. *Paul* et *Julien* apprennent avec peine, mais ils retiennent bien quand ils ont compris. Les *roseaux* plient et ne rompent pas. Les *enfants* sourient à leur mère. Les *chasseurs* tendent leurs filets. Les *pierres* molles se fendent en hiver. *Entendez* bien ma question ; vous la comprendrez et vous y répondrez. Ne *répondez* pas avec aigreur à *ceux* qui vous reprennent doucement. Des mauvaises *langues* ont mordu, mordent et mordront toujours.

Devoir traduit au singulier.

Il attendait. *Tu* redescends. *Je* ris. *Je* riais. *Tu* eus entendu. *Il* aurait attendu. Que *tu* aies suspendu. Que *j'*eusse fondu. Il faut que *Julien* réponde; il fallait qu'*il* répondît. *Je* rompis le premier. *Répands* des bienfaits. La *tortue* pond des œufs. Quand *je* reçois une politesse, j'y réponds de mon mieux. Jésus-Christ voulait que *l'homme* rendît le bien pour le mal. Si *tu* étais plus âgé, tu comprendrais mieux l'importance du travail. Ne *vends* pas la peau de l'ours avant que tu l'aies tué. *L'égoïste* se souvient des services qu'il rend, et oublie ceux qu'il reçoit. Ne *confonds* pas autour avec alentour. Quand *tu* obliges, attends-toi à l'ingratitude. La clémence enchaîne les cœurs avec un *lien* qui ne se rompt jamais.

VERBES IRRÉGULIERS DE LA QUATRIÈME CONJUGAISON.

189. Les seuls verbes réguliers de la quatrième conjugaison sont les verbes en *endre* (excepté *prendre* et ses composés), *andre, ondre, erdre, ordre.*

Tous les autres sont plus ou moins irréguliers. Voici les principaux :

Naître, connaître, paraître, croître, vaincre, conduire (1), *écrire, lire, confire, suffire, vivre, conclure, exclure, croire, boire, battre, mettre, plaire, taire, prendre, dire, faire,* et tous les verbes terminés par *indre* et par *oudre.*

190. Parmi ces verbes, ceux qui sont terminés à l'infinitif présent par *indre* et par *oudre,* ont deux radicaux différents, dont l'un dérive de l'infinitif et l'autre du *participe présent.* Ex. :

INFINITIF.	PARTICIPE PRÉSENT.
Craind...re.	*Craign...ant.*
Absoud...re.	*Absolv...ant.*
Coud...re.	*Cous...ant.*

On fait usage du *radical-infinitif* au futur simple, au conditionnel présent, et au singulier de l'impératif et de l'indicatif présent. Ex. : *Coud.. re.* Je *coud...s,* je *coud...rai,* je *coud...rais, coud...s.* On se sert du *radical-participe* à tous les autres temps simples du verbe. Ex. : *Cous...ant.* Je *cous...ais,* je *cous...is, que je cous...e, que je cous...isse, nous cous...ons, cous...ons.*

Nota. Il est à remarquer que la plus grande partie des verbes irréguliers de la quatrième conjugaison, comme *vaincre, écrire,* etc., sont entièrement assujettis à cette règle, et cette règle est d'autant plus importante à retenir, qu'elle enseigne à conjuguer les verbes les plus difficiles de notre langue, tels que *coudre, moudre, résoudre, absoudre, dissoudre, peindre, vaincre, convaincre,* etc.

Remarques particulières sur la quatrième conjugaison.

191. 1° Les verbes qui ont l'infinitif en *indre* et en *soudre,*

---

(1) Tous les verbes en *uire.*

perdent le *d* aux deux premières personnes du singulier de l'indicatif présent : je *peins*, tu *absous*, et à l'impératif : *peins, absous.* Ils changent, en outre, le *d* en un *t* à la troisième personne du singulier du présent de l'indicatif : il *peint*, il *absout.*

192. 2° Les verbes terminés au présent de l'infinitif par *aître* et par *oître*, comme *connaître, croître*, prennent un accent circonflexe sur l'*i* radical toutes les fois que cet *i* est suivi d'un *t* : Je *connaîtrais*, il *croît.*

193. 3° Les verbes *faire* et *dire* font à la deuxième personne du pluriel de l'indicatif présent et de l'impératif : vous *faites*, vous *dites, faites, dites*, et non, vous *faisez*, vous *disez*. Il en est de même de tous les composés de *faire* : vous *surfaites*, vous *contrefaites.* Quant aux composés de *dire*, le verbe *redire* est le seul qui suive cette règle. Ainsi l'on dit : vous *contredisez*, vous *médisez*, vous *prédisez.*

194. 4° Nous dirons du verbe *prendre* et de ses composés, ce que nous avons dit des verbes en *enir*, c'est-à-dire que ces verbes doublent la lettre *n* du radical devant un *e* muet : *Que je comprenne, que tu comprennes, qu'il comprenne, (que nous comprenions, que vous compreniez), qu'ils comprennent.*

195. 5° Tous les verbes en *endre* s'écrivent par *e ; répandre* et *épandre* sont les seuls qui prennent *a.*

> *L'élève indiquera :*

1° *Trois verbes en* GER : Manger, charger, soulager.

2° *Trois verbes en* CER : Tracer, effacer, commencer.

3° *Trois verbes de la première conjugaison ayant un* E *muet à l'avant-dernière syllabe :* Promener, soulever, achever.

4° *Trois verbes de la première conjugaison ayant un* É *fermé à l'avant-dernière syllabe :* Répéter, espérer, pécher.

5° *Trois verbes en* ELER : Marteler, écarteler, peler.

6° *Trois verbes en* ETER : Crocheter, parqueter, cacheter.

7° *Trois verbes en* IER : Crier, prier, manier.

8° *Trois verbes en* YER, *qui changent* Y *en* I *devant un* E *muet :* Appuyer, ennuyer, essuyer.

9° *Trois verbes en* AYER : Payer, essayer, étayer.

EXERCICES SUR LES REMARQUES DE LA QUATRIÈME CONJUGAISON.

INDICATIF. PRÉSENT.

Je *vaincs.* Tu *feins.* Il *absout.* Il *apparaît.* Nous *contraignons.* Vous *faites.* Vous *contrefaites.* Vous *dites.* Vous *redites.* Vous *prédisez.* Ils *résolvent.* Le monde *meurt* et *renaît* sans cesse. Les bons comptes *font* les bons amis. Je *crains* celui qui ne *craint* pas Dieu. *Comprenez*-vous bien ce que je vous *dis*? Le temps *paraît* court à ceux qui *travaillent.*

Je *crois* que le bluet *croit* dans les blés. A l'œuvre on *connaît* l'artisan.
Je ne *connais* d'avarice permise que celle du temps. Les méchants se
craignent, se *détestent*, se *fuient*. La rose *naît* de l'épine. L'amour du
sol natal ne *s'éteint* jamais dans le cœur de l'homme. Quand une vieille
fait l'enfant, la mort en *rit*. Ceux à qui personne ne *plaît* ne *plaisent*
ordinairement à personne. Certains insectes *naissent* et *meurent* le
même jour. Quand la défiance *arrive*, l'amitié *disparaît*. Le sage *vainc*
ses passions. Les sages *vainquent* leurs passions. Le soufre ne se *dissout*
pas dans l'eau. Nous nous *résolvons* difficilement à mourir. Il y a
des gens qui se *plaignent* sans cesse et qui *crient* toujours contre quelqu'un ou contre quelque chose. Tout *paraît* aisé à qui ne *sait* rien faire.
Le soleil nous *paraît* si petit, que nous *croyons* difficilement ce que
nous en *disent* les astronomes. Les autres climats ne nous *plaisent*
pas autant que le nôtre nous *plaît*. Nous *naissons* dans les pleurs, nous
vivons dans les plaintes, et nous *mourons* dans les regrets. Qui trop
embrasse mal *étreint*. L'oisiveté *va* si lentement que tous les vices l'*atteignent* bientôt.

IMPARFAIT.

Je *méconnaissais*. Nous *convainquions*. Tu *croissais*. Nous *croyions*.
Il *circonscrivait*. Ils *excluaient*. Je *cousais*. Tu *absolvais*. Il *rejoignait*.
Nous *refaisions*. Vous *prédisiez*. Ils *comprenaient*. Nous *croyions* que
vous nous *plaigniez*, et vous ne *preniez* aucune part à notre douleur.
Elie et Elisée *vivaient* sous le règne d'Achab. Charlemagne *vainquait*
les Saxons, mais il ne les *soumettait* pas. Les Grecs *peignaient* la Fortune avec un bandeau sur les yeux. Napoléon *surprenait* et *vainquait* ses
ennemis avec une promptitude inconnue jusque-là. Autrefois on *oignait*
les athlètes pour la lutte. Mon courage *renaissait* à mesure que ce sage
ami me *parlait*. On *croyait* autrefois que la terre *était* plate. La fourmi
disait à la cigale : Que *faisiez*-vous au temps chaud ? Nos aïeux *vivaient* et *mouraient* dans les lieux où ils *naissaient*. Annibal *s'adjoi-
gnait* les peuples qu'il *vainquait*. Les Athéniens *proscrivaient* leurs
grands hommes et leur *faisaient* un crime de leur gloire. Les anciens
ne *moulaient* pas le blé ; ils le *réduisaient* en poudre dans des mortiers.

PASSÉ DÉFINI.

Tu *naquis*. Il *conduisit*. Nous *connûmes*. Je *combattis*. Vous *déplûtes*.
Ils *souscrivirent*. Paul *peignit*. Je *cousis*. Nous *moulûmes*. Paul et Julien *résolurent*. Noé *maudit* son fils Cham. Les Francs *vainquirent* les
Romains. Fontenelle *vécut* cent ans; peu d'écrivains *vécurent* cent ans.
Vous leur *fîtes*, seigneur, en les croquant, beaucoup d'honneur. Une
étoile *apparut* aux Mages et les *conduisit* à Bethléem. Marius et Sylla
proscrivirent des milliers de citoyens. Titus *assiégea*, *prit* et *détruisit*
Jérusalem. Dès que les Romains *connurent* le luxe et la mollesse, ils
perdirent l'amour de la gloire et *cessèrent* d'être les maîtres du monde.
Charlemagne *résolut* de vaincre les Saxons, et il les *vainquit*. Dieu *pres-
crivit* des lois aux éléments. Alexandre *naquit* en Macédoine, *soumit*
la Grèce, *vainquit* Darius et *vint* mourir à Babylone.

PASSÉ INDÉFINI.

J'ai *reconnu*. Vous *avez surfait*. Il a *convaincu*. Tu *as plu*. Ils *ont
teint*. Nous *avons lu*. Nous *avons contraint*. Vous *avez recousu*. Ils *ont
remoulu*. Le jour *a point*. Le soleil *a lui*. Jeanne d'Arc a *contraint* les
Anglais à lever le siége d'Orléans. Où sont-ils, ceux qui *ont construit*
les pyramides?

Je *comparaîtrai*. Tu *feras*. Il *convaincra*. Nous *confirons*. Vous *joindrez*. Ils *surferont*. Je *découdrai*. Nous *moudrons*. Vous *dissoudrez*. Ils *absoudront*. Tu *accroîtras* ton bien. Vous *reconnaîtrez* vos torts. Jamais la dispute ne *convaincra* personne. Un bavard te *fera* plus de questions en une heure que tu n'en *résoudras* en cent ans. Nous *connaîtrons* nos amis dans l'adversité. Tu ne *plairas* pas tant par ce que tu *diras* que par ce que tu *feras*. L'empereur Constantin aperçut une croix avec ces mots : Tu *vaincras* par ce signe. Vous *connaîtrez* un arbre à ses fruits. La direction des ballons est un problème qu'on *résoudra* sans doute un jour.

CONDITIONNEL. PRÉSENT.

Tu *disparaîtrais*. Je *vaincrais*. Nous *construirions*. Il *plairait*. Vous *boiriez*. Ils *déferaient*. Nous *atteindrions*. Je *moudrais*. Vous *absoudriez*. Ils *déteindraient*. Vous *atteindriez* difficilement à la perfection. Si tu luttais, tu *vaincrais*. Nous *boirions* plus d'eau que de vin si nous connaissions la sobriété. Vous *connaîtriez* la sobriété si vous buviez plus d'eau que de vin. Paul et Julien *connaîtraient* la sobriété, qu'ils *boiraient* plus d'eau que de vin. Tu ne *convaincrais* jamais un entêté. L'homme qui *feindrait* une chose et en *ferait* une autre *serait* perfide et méchant.

IMPÉRATIF.

Couds ton cahier. *Joins* tes mains et *fais* ta prière. Ne *dis* pas tout ce que tu fais, mais *fais* tout ce que tu dis. Ne *dites* pas tout ce que vous faites, mais *faites* tout ce que vous dites. Ne *disons* pas tout ce que nous faisons, mais *faisons* tout ce que nous disons. *Dites* quelque chose qui vaille mieux que votre silence, ou *taisez*-vous. *Dis* quelque chose qui vaille mieux que ton silence, ou *tais*-toi. *Disons* quelque chose qui vaille mieux que notre silence, ou *taisons*-nous. Ne *médis* pas de ton prochain. Ne *médisons* pas de nos semblables. Ne *médisez* pas de vos semblables.

SUBJONCTIF. PRÉSENT.

Que je *résolve*. Que nous *moulions*. Qu'il *contraigne*. Que vous *contrefaisiez*. Que tu *comprennes*. Qu'ils *convainquent*. Que nous *apparaissions*. Que vous *croyiez*. Que vous *croissiez*. Que vous *buviez*. Que tu *plaises*. Qu'il *paisse*. Que je *croie*. Que tu *croies*. Qu'il *croie*. La lune est la plus petite des planètes, quoiqu'elle nous *paraisse* la plus grosse. Le plus grand mal que l'on *puisse* souhaiter à l'avare, c'est qu'il *vive* longtemps. Si tu veux bien mourir, il est nécessaire que tu *vives* bien. Nous mourrons un jour quoi que nous *fassions*. Il faut que vous *vainquiez* vos passions. Il n'y a que le génie qui *atteigne* au sublime. Je suis souris, *vivent* les rats ! *Vivent* la Champagne et la Bourgogne pour les bons vins ! *Vive* la France !

On désirerait que j'*apprisse* mieux, que tu *lusses* couramment, qu'il *écrivît* plus vite, que nous *peignissions* avec goût, que vous *comprissiez* bien, qu'ils *s'instruisissent* toujours. Si je croyais que ma tunique *connût* mon secret, je la brûlerais, disait un général romain. Il serait bon que vous *soumissiez* tous vos projets à la réflexion, et que vous *fissiez* toutes choses avec prudence. Il faudrait que ceux qui parlent se *missent* à la portée de ceux qui écoutent.

4.

PARTICIPE PRÉSENT.

Disant. Maudissant. Peignant. Cousant. Moulant. Absolvant. Paissant. Croyant Croissant. Convainquant. Buvant. Excluant. Les chiens lapent en *buvant.* En *lisant,* nous devrions imiter l'abeille. On pèche de deux manières : d'abord en *faisant* le mal, ensuite en *omettant* le bien. L'enfant ouvre les yeux en *naissant.*

PARTICIPE PASSÉ.

Né. Convaincu. Lu. Battu. Plû. Fait. Teint. Décousu. Remoulu. On n'a jamais *plaint* un soldat *mort* pour sa patrie. Sitôt *pris,* sitôt *pendu.* Un livre *lu* n'est pas toujours un livre *compris.*

Devoir mis au pluriel.

Nous naissons. *Vous* naissiez. *Ils* naquirent. Que *nous* croyions. Que *nous* croissions. *Vous* croyiez. *Nous* vainquons. Que *nous* ayons vaincu. Que *vous* eussiez conduit. *Nous* convaincrons. *Écrivez. Vous* lisez. *Vous* lûtes Que *nous* confisions. Que *vous* concluiez. *Buvez. Ils* avaient bu. Que *vous* ayez bu. *Nous* admîmes. *Nous* eussions remis. *Nous* eûmes transmis. *Vous* plairez. *Ils* prennent. *Ils* prenaient. *Vous* reprîtes. *Ils* ont compris. Que *nous* comprenions. *Vous* dites. Redites. *Vous* prédisez. Ne *médisez* pas. Vous *défaites Refaites.* Que *nous* disions. Que *vous* dissiez. Qu'*ils* prédissent. *Nous* craignons. *Nous* craignions. *Vous* peignez. *Ils* déteignent. Qu'*ils* peignent. *Nous* cousons. *Vous* moulez. *Ils* absolvent. *Vous* dissoudrez. Que *nous* résolvions. *Recousez.* Les *éléphants* craignent le serpent. Les *castors* construisent sur les eaux. *Nous vous* reprenons, parce que vous médisez de tout le monde. Les *loups* dirent aux *agneaux :* Nous savons que de nous vous médîtes l'an passé. Ne *dites* pas : *Nous* nous corrigerons demain, car ce demain n'est pas à vous. Si *vous* voulez qu'une chose soit secrète, ne la dites pas ; si vous ne voulez pas qu'on la sache, ne la faites pas. Ne *craignez* que votre conscience. Les *coupables* fuient, mais les *remords* suivent, courent et les atteignent. Mes *sœurs* cousent toute la journée. Ne vous *dédisez* pas d'une parole donnée. *Honorez ceux* qui vous instruisent. Ne *contrefaites* pas les vieillards; plus tard vous les contreferez au naturel. Quand des *enfants* ne font rien, ils apprennent à mal faire. Ne *faites* pas couler de larmes : Dieu les compte. Si *vous* employiez bien votre temps, vous ne vous plaindriez pas de sa brièveté. Les *araignées* vivent de leurs filets comme les *chasseurs* vivent de leur chasse. *Ceux* que *vous* croyiez vos amis étaient vos ennemis cachés. *Tels* qui rient vendredi, dimanche pleureront. Ne *faites* rien, n'entreprenez rien dans la colère : mettriez-vous à la voile pendant la tempête?

Devoir mis au singulier.

Je vaincs. *Tu* crois. *Il* naît. *Tu* disparais. J'aurais comparu. Qu'*il* convainquît. Que *je* conduise. Que *tu* reconduisisses. J'écrivais. Il aurait souscrit. *Je* lus *Je* lisais. *Je* lis. *Relis. Je* conclus. *Je* conclurai. Que *je* conclue. *Tu* croyais Que *tu* croies. *Tu* combattis. Il aura combattu. *Mets. Il* plaît. *Il* comprend. *Tu* redis. *Prédis* Que *je* dise. Que *je* disse. *Tu* fais. Que *je* relasse. *Tu* contrains. *Plains*-les. *Il* adjoint. *Je* rejoins. *Il* enteignait. *Il* enfreindrait. *Je* peignis *Tu* eus teint. *Tu* eusses teint. *Tu* eus cousu. Qu'*il* eût permis Que *je* soumette. *Il* dissout. *Je* découdrais. *Julien* a plu, plaît, plaira, aurait plu. Le *parvenu* méconnaît ses proches. La *plante* naît, croît, vit et meurt. Le petit *agneau* reconnaît

sa mère au milieu du troupeau. La mauvaise *étoffe* déteint. L'*ivrogne*
boit le sang de sa famille. L'*hirondelle* boit en volant. Le *blé* croît aujourd'hui où croissait autrefois une *herbe* inutile. Si *tu* aimes le miel,
ne crains pas les abeilles. Le *poisson* craint la ligne meurtrière. Le *laboureur* paresseux voudrait que son champ produisît sans culture. Il ne
faudrait pas que *tu* fisses ce que tu blâmes chez les autres.

Récapitulation sur les quatre conjugaisons.

Devoir mis au pluriel.

Les *chevaux* voient le péril et l'affrontent. Quels *bras* vous suspen-
dirent, innombrables étoiles? Si minces qu'ils soient, des *cheveux* font
de l'ombre. Quand *nous* étions jeunes, nous croyions que nous le serions
toujours. Les *sciences* s'acquièrent par le travail. *Ceux* qui à vingt ans
ne savent rien ne travaillent pas à trente, n'ont rien acquis à quarante,
ne sauront, ne feront et n'auront jamais rien. *Pierres* qui roulent n'a-
massent pas mousse. Les *plantes* sommeillent et transpirent comme
l'animal. *Vous* vous fiiez à cet imposteur, et *nous* en riions. *Nous*
croyions que *vous* vous apitoyiez sur notre sort, et vous en riiez. *Dites-
nous* qui vous hantez, nous vous dirons qui vous êtes. Quand *nous* sommes seuls, nous songeons à nos défauts. Les *hommes* s'ennuient du bien,
cherchent le mieux, trouvent le mal et s'en contentent, crainte de pire.

Devoir mis au singulier.

Aie de la patience, sois laborieux et appliqué, et *tu* réussiras. Veux-
tu savoir comment il faut que tu donnes? mets-toi à la place de *celui*
qui reçoit. Si l'*homme* était sage et qu'il suivît les lumières de la raison,
il s'épargnerait bien des chagrins. Veux-*tu* avoir un serviteur fidèle et
que tu aimes? sers-toi toi-même. Ne *te* permets pas ce que tu blâmes
dans les autres. *Crains* et fuis l'oisiveté; rappelle-toi qu'elle est la mère de
tous les vices. *Celui* qui craint constamment la mort souffre plus que
celui qui meurt. *Je te* prends à témoin, toi qui m'écoutes, et qui vois les
larmes que je répands. Un *livre* est un conseiller muet qui corrige sans
aigreur. Si *tu* es jaloux de ton indépendance, ne fais pas de dettes. *Tu*
lies ce paquet tandis que je lis ma leçon. *Sois* ton valet si tu veux
être ton maître. *Tu* ne me secours pas, toi qui te disais mon ami. *Pense*
tout ce que tu dis, mais ne dis pas tout ce que tu penses. Ne *crois* pas
que tu vis si tu ne sais rien : tu végètes. *Respecte* la propriété de ton
voisin si tu veux qu'il respecte la tienne.

CLASSIFICATION DES VERBES.

196. Le verbe *être* s'appelle verbe *substantif;* tous les autres,
tels que *travailler, courir, recevoir, rendre,* etc., sont des
verbes *attributifs.*

197. Les verbes *attributifs* se divisent en deux grandes classes:
les verbes *transitifs,* appelés aussi *actifs,* et les verbes *intransitifs* ou *neutres.*

Verbes transitifs.

198. Les verbes *transitifs* expriment une action qui passe du
sujet sur un complément direct. Ex. :

Les singes craignent *le serpent.*
Les remords chassent *le sommeil.*

199. On reconnaît mécaniquement qu'un verbe est *transitif* quand on peut mettre après lui *quelqu'un* ou *quelque chose.* Ainsi *puiser, condamner, cueillir, punir,* etc., sont *transitifs,* parce qu'on peut dire *puiser quelque chose, condamner quelqu'un, cueillir quelque chose, punir quelqu'un.*

Verbes intransitifs.

200. Les verbes *intransitifs* marquent une action qui demeure dans le sujet, ou qui ne passe sur un complément qu'à l'aide d'une préposition, c'est-à-dire indirectement. Ex. :

L'Océan mugit.
L'enfant sourit *à sa mère.*

201. On reconnaît mécaniquement qu'un verbe est *intransitif* quand on ne peut pas mettre après lui *quelqu'un* ou *quelque chose.* Ainsi *nuire, succéder,* etc., sont des verbes intransitifs, parce qu'on ne peut pas dire *nuire quelqu'un, succéder quelque chose.*

202. Tous les verbes transitifs prennent l'auxiliaire *avoir* dans leurs temps composés. Il n'en est pas de même des verbes intransitifs ; quelques-uns, comme *partir, aller, venir,* prennent l'auxiliaire *être : je* suis *parti, tu* es *allé, il* serait *venu.*

Conjugaison du verbe intransitif *VENIR.*

INDICATIF.

PRÉSENT.

Je viens.
Tu viens.
Il vient.
Nous venons.
Vous venez.
Ils viennent.

IMPARFAIT.

Je venais.
Tu venais.
Il venait.
Nous venions.
Vous veniez.
Ils venaient.

PASSÉ DÉFINI.

Je vins.
Tu vins.
Il vint.
Nous vînmes.
Vous vîntes.
Ils vinrent.

PASSÉ INDÉFINI.

Je suis venu *ou* venue.
Tu es venu *ou* venue.
Il est venu *ou* elle est venue.
Nous sommes venus *ou* venues.
Vous êtes venus *ou* venues.
Ils sont venus *ou* elles sont venues.

PASSÉ ANTÉRIEUR.

Je fus venu.
Tu fus venu.
Il fut venu.
Nous fûmes venus.
Vous fûtes venus.
Ils furent venus.

PLUS-QUE-PARFAIT.

J'étais venu.
Tu étais venu.
Il était venu.
Nous étions venus.
Vous étiez venus.
Ils étaient venus.

FUTUR.

Je viendrai.
Tu viendras.
Il viendra.
Nous viendrons.
Vous viendrez.
Ils viendront.

FUTUR ANTÉRIEUR.

Je serai venu.
Tu seras venu.
Il sera venu.
Nous serons venus.
Vous serez venus.
Ils seront venus.

CONDITIONNEL.
PRÉSENT.

Je viendrais.
Tu viendrais.
Il viendrait.
Nous viendrions.
Vous viendriez.
Ils viendraient.

PASSÉ (1re forme).

Je serais venu.
Tu serais venu.
Il serait venu.
Nous serions venus.
Vous seriez venus.
Ils seraient venus.

PASSÉ (2e forme).

Je fusse venu.
Tu fusses venu.
Il fût venu.
Nous fussions venus.
Vous fussiez venus.
Ils fussent venus.

IMPÉRATIF.

Viens.
Venons.
Venez.

SUBJONCTIF.
PRÉSENT.

Que je vienne.
Que tu viennes.
Qu'il vienne.
Que nous venions.
Que vous veniez.
Qu'ils viennent.

IMPARFAIT.

Que je vinsse.
Que tu vinsses.
Qu'il vînt.
Que nous vinssions.
Que vous vinssiez.
Qu'ils vinssent.

PASSÉ.

Que je sois venu.
Que tu sois venu.
Qu'il soit venu.
Que nous soyons venus.
Que vous soyez venus.
Qu'ils soient venus.

PLUS-QUE-PARFAIT.

Que je fusse venu.
Que tu fusses venu.
Qu'il fût venu.
Que nous fussions venus.
Que vous fussiez venus.
Qu'ils fussent venus.

INFINITIF.
PRÉSENT.

Venir.

PASSÉ.

Être venu.

PARTICIPE PRÉSENT.

Venant.

PARTICIPE PASSÉ.

Venu, venue, étant venu.

VERBES PRONOMINAUX.

203. On appelle *pronominaux* les verbes qui se conjuguent avec deux pronoms de la même personne, comme *je me, tu te, il se, nous nous, vous vous, ils se.* Le premier pronom est sujet, le second est complément.

204. Les verbes pronominaux se conjuguent dans leurs temps simples comme le verbe modèle de la conjugaison à laquelle ils appartiennent. Dans leurs temps composés, ils prennent l'auxiliaire *être* pour l'auxiliaire *avoir.*

Conjugaison du verbe pronominal *SE FLATTER.*

INDICATIF.

PRÉSENT.

Je me flatte.
Tu te flattes.
Il se flatte.
Nous nous flattons.
Vous vous flattez.
Ils se flattent.

IMPARFAIT

Je me flattais.
Tu te flattais.
Il se flattait.
Nous nous flattions.
Vous vous flattiez.
Ils se flattaient.

PASSÉ DÉFINI.

Je me flattai.
Tu te flattas.
Il se flatta.
Nous nous flattâmes.
Vous vous flattâtes.
Ils se flattèrent.

PASSÉ INDÉFINI.

Je me suis flatté *ou* flattée.
Tu t'es flatté *ou* flattée.
Il s'est flatté *ou* elle s'est flattée.
Nous nous sommes flattés *ou* flattées
Vous vous êtes flattés *ou* flattées.
Ils se sont flattés *ou* elles se sont
                      |flattées.

PASSÉ ANTÉRIEUR.

Je me fus flatté.
Tu te fus flatté.
Il se fut flatté.
Nous nous fûmes flattés.
Vous vous fûtes flattés.
Ils se furent flattés.

PLUS-QUE-PARFAIT.

Je m'étais flatté.
Tu t'étais flatté.
Il s'était flatté.
Nous nous étions flattés.
Vous vous étiez flattés.
Ils s'étaient flattés.

FUTUR.

Je me flatterai.
Tu te flatteras.
Il se flattera.
Nous nous flatterons.
Vous vous flatterez.
Ils se flatteront.

FUTUR ANTÉRIEUR.

Je me serai flatté.
Tu te seras flatté.
Il se sera flatté.
Nous nous serons flattés.
Vous vous serez flattés.
Ils se seront flattés.

CONDITIONNEL.

PRÉSENT.

Je me flatterais.
Tu te flatterais.
Il se flatterait.
Nous nous flatterions.
Vous vous flatteriez.
Ils se flatteraient.

PASSÉ (1ʳᵉ *forme*).

Je me serais flatté.
Tu te serais flatté.
Il se serait flatté.
Nous nous serions flattés.
Vous vous seriez flattés.
Ils se seraient flattés.

PASSÉ (2ᵉ *forme*).

Je me fusse flatté.
Tu te fusses flatté.
Il se fût flatté.
Nous nous fussions flattés.
Vous vous fussiez flattés.
Ils se fussent flattés.

IMPÉRATIF.

Flatte-toi.
Flattons-nous.
Flattez-vous.

SUBJONCTIF.

PRÉSENT.

Que je me flatte.
Que tu te flattes.
Qu'il se flatte.
Que nous nous flattions.
Que vous vous flattiez.
Qu'ils se flattent.

IMPARFAIT.

Que je me flattasse.
Que tu te flattasses.
Qu'il se flattât.
Que nous nous flattassions.
Que vous vous flattassiez.
Qu'ils se flattassent.

PASSÉ.

Que je me sois flatté.
Que tu te sois flatté.
Qu'il se soit flatté.
Que nous nous soyons flattés.
Que vous vous soyez flattés.
Qu'ils se soient flattés.

PLUS-QUE-PARFAIT.

Que je me fusse flatté.
Que tu te fusses flatté.
Qu'il se fût flatté.
Que nous nous fussions flattés.
Que vous vous fussiez flattés.
Qu'ils se fussent flattés.

INFINITIF.

PRÉSENT.

Se flatter.

PASSÉ.

S'être flatté.

PARTICIPE PRÉSENT.

Se flattant.

PARTICIPE PASSÉ.

S'étant flatté.

VERBES IMPERSONNELS.

205. Les verbes qui ne se conjuguent qu'à la troisième personne du singulier, comme *il pleut, il grêle, il tonne*, etc., ont reçu le nom d'*impersonnels*.

Conjugaison du verbe impersonnel *NEIGER*.

INDICATIF.

PRÉSENT.

Il neige.

IMPARFAIT.

Il neigeait.

PASSÉ DÉFINI.

Il neigea.

PASSÉ INDÉFINI.

Il a neigé.

PASSÉ ANTÉRIEUR.

Il eut neigé.

PLUS-QUE-PARFAIT.

Il avait neigé.

FUTUR.

Il neigera.

FUTUR ANTÉRIEUR.

Il aura neigé.

CONDITIONNEL.

PRÉSENT.

Il neigerait.

PASSÉ (1re *forme*).

Il aurait neigé.

PASSÉ (2e *forme*).

Il eût neigé.

SUBJONCTIF.

PRÉSENT.

Qu'il neige.

IMPARFAIT.

Qu'il neigeât.

PASSÉ.

Qu'il ait neigé.

PLUS-QUE-PARFAIT.

Qu'il eût neigé.

INFINITIF.

PRÉSENT.

Neiger.

PASSÉ.

Avoir neigé.

PARTICIPE PASSÉ.

Neigé.

VERBES PASSIFS.

206. Le verbe *passif* marque une action qui est faite par le complément, et reçue, *soufferte* par le sujet :

Les nuages sont poussés *par les vents.*

C'est le complément *vents* qui fait l'action de *pousser*, et le sujet *nuages* qui reçoit cette action.

207. REMARQUE. Les verbes *passifs* prennent l'auxiliaire *être* dans tous leurs temps ; ce n'est autre chose que le verbe substantif, auquel on ajoute un participe passé : *être battu, être introduit, je suis reçu, vous avez été soulagés, sois proscrit.*

Voix passive. — Voix active.

208. Il est toujours possible de transformer un verbe *passif* en verbe *actif*, et réciproquement en *actif en passif.*

Dans le premier cas, le complément indirect et le sujet du verbe *passif* deviennent, le premier, sujet, et le second, complément direct du verbe actif.

Dans le second cas, c'est-à-dire pour le passage de l'*actif* au *passif*, le sujet et le complément direct du verve *actif* deviennent, celui-là, complément indirect, celui-ci, sujet du verbe *passif*.

VOIX PASSIVE :	VOIX ACTIVE :
L'égoïste n'est aimé de personne.	*Personne n'aime l'égoïste.*
Les chiffres ont été inventés par les Arabes.	*Les Arabes ont inventé les chiffres.*
La femme fut trompée par le serpent.	*Le serpent trompa la femme.*
Les orages sont prévus et annoncés par les hirondelles.	*Les hirondelles prévoient et annoncent les orages.*

Devoir sur les verbes passifs changés en actifs.

NOTA. Avant d'entreprendre ce devoir, l'élève conjuguera un verbe passif : *être aimé de Dieu, être chéri de ses parents, être vaincu par la douleur,* etc., en plaçant en regard la voix active, d'après le modèle suivant :

INDICATIF PRÉSENT.

Je suis aimé de Dieu.	*Dieu m'aime.*
Tu es aimé de Dieu.	*Dieu t'aime.*
Il est aimé de Dieu.	*Dieu l'aime.*
Nous sommes aimés de Dieu.	*Dieu nous aime.*
Vous êtes aimés de Dieu.	*Dieu vous aime.*
Ils sont aimés de Dieu.	*Dieu les aime.*

Les oiseaux *louent* le Seigneur. Un chien de berger *a découvert* la couleur de pourpre. Une étoile *annonça* aux Mages la naissance du Christ. Tout l'*enchante.* Le temps *effacera* nos plus fastueux monuments. Les rosées bienfaisantes *rafraîchissent* la terre. L'éclat du soleil *blesse* la vue. L'éducation *perfectionne* les qualités naturelles du cheval. Les Arabes *regardent* le chameau comme un présent du ciel. L'éléphant *surpasse* en grandeur tous les animaux terrestres. Tout le monde *méprise* l'avare. La chaleur du printemps *met* en mouvement la sève des arbres. Une joie excessive *cause* quelquefois la mort. Les cendres du Vésuve ont *enseveli* Herculanum. Les Gaulois *prirent, pillèrent* et *brûlèrent* Rome. La crainte de la mort *trouble* à tout moment notre vie. Les Anglais *brûlèrent* Jeanne d'Arc à Rouen. Laban *accueillit* Jacob avec tendresse. Les Hollandais *ont découvert* l'Océanie. La grêle a *ravagé* les campagnes. Dieu *maudit* Caïn. L'odeur du fromage *allécha* le renard.

Verbes actifs tournés en verbes passifs

La souris *est mangée* par le chat. Tous nos maux *sont guéris* par la mort. La cigogne *fut retenue* à dîner par le renard. Tu *fus trompé* par ton ami. Il *a été rassuré* par ma bonté. Nous *étions trahis* par la fortune. Vous *seriez déchirés* par le remords. Ils *auraient été récompensés* par le maître. Nous avons *été surpris* par la nuit. Tous les pâles humains *sont jugés* aux Enfers par Minos. Les grandes rivières *sont for-*

mées par les petits ruisseaux. Toute l'armée *fut consternée* par la mort de Turenne. L'envieux *est contristé* par la prospérité d'autrui. Sept ou huit de ces pauvres gens *furent étranglés* par le chat. Les malheurs de Jérusalem *avaient été annoncés* par le prophète Jérémie. Nos campagnes *sont égayées* par le chant des oiseaux. La mort de Joseph *fut pleurée* longtemps par le vieux Jacob. La ville de Calais *fut sauvée* par le dévoûment d'Eustache de Saint-Pierre. Le char du triomphateur *était traîné* par six chevaux blancs. Les plus fortes douleurs *sont adoucies* par le temps. La bouche du cheval *est déformée* par le mors. Les oreilles de Midas *furent allongées* par Apollon. Un enfant sage et laborieux *est aimé* de tout le monde. Jérusalem *fut assiégée* et *prise* par Titus. Les eaux du Nil *furent changées* en sang par Moïse. La cuisine *est refroidie* par les folles dépenses. La paresse *est punie* par le maître. Toujours la paresse *sera punie* par le maître.

EXERCICES SUR LA CONCORDANCE DES TEMPS.

Quand Paul travaille, il est malade.
Chaque fois que Paul travaillera, *il sera malade.*
Demain, si Paul travaillait, *il serait malade.*
Quand Paul travaillait, *il était malade.*
Quand Paul travailla, *il fut malade.*
Paul s'ennuierait bien, s'*il était malade.*
Comme Paul s'ennuyait, quand *il était malade.*
Paul s'est toujours ennuyé, quand *il a été malade*
Toujours Paul s'ennuiera, quand *il sera malade.*
Combien Paul s'ennuie, quand *il est malade!*
Pauvre ami, tu t'ennuies bien, quand *tu es malade.*
Tu t'ennuyais bien, quand *tu étais malade.*
Pour que Paul s'ennuie, il faut *qu'il soit malade.*
Pour que Paul s'ennuyât, il faudrait *qu'il fût malade.*
Pour que Paul se soit ennuyé, il faut *qu'il ait été malade.*

SUITE DES EXERCICES SUR LA CONCORDANCE DES TEMPS.

1. Dieu veut, et tous les hommes obéissent.
Dieu voudra, *et tous les hommes obéiront.*
Dieu voulut, *et tous les hommes obéirent.*
Dieu a voulu, *et tous les hommes ont obéi.*
Si Dieu voulait, *tous les hommes obéiraient.*

2. L'esprit commande, le corps exécute.
L'esprit commanda, *le corps exécuta.*
L'esprit commandera, *le corps exécutera.*
L'esprit a commandé, *le corps a exécuté.*
Si l'esprit commandait, *le corps exécuterait.*

3. L'hiver paraît, les hirondelles partent.
Aussitôt que l'hiver parut, *les hirondelles partirent.*
Quand l'hiver paraîtra, *les hirondelles partiront.*
Si l'hiver paraissait, *les hirondelles partiraient.*

4. Le son du cor retentit, les chasseurs se rassemblent.
Quand le son du cor retentira, *les chasseurs se rassembleront.*
Quand le son du cor retentit, *les chasseurs se rassemblèrent.*
Si le son du cor retentissait, *les chasseurs se rassembleraient.*

5. Achille paraît, les Troyens sont vaincus.
Achille parut, *les Troyens furent vaincus.*
Achille paraissait, *et les Troyens étaient vaincus.*
Achille paraîtra, *les Troyens seront vaincus.*
Achille ne peut paraître, sans que *les Troyens ne soient vaincus.*

SUITE DES EXERCICES SUR LA CONCORDANCE DES TEMPS.

Singulier.	*Pluriel.*
1. L'homme marche, court, saute, monte, descend, gravit, glisse, rampe, nage, s'élance.	1. Les hommes marchent, courent, sautent, montent, descendent, gravissent, glissent, rampent, nagent, s'élancent.
2. O homme! toujours tu as marché, tu as couru, tu as sauté, tu as monté, tu as descendu, tu as gravi, tu as glissé, tu as rampé, tu as nagé, tu t'es élancé.	2. O hommes! toujours vous avez marché, vous avez couru, vous avez sauté, vous avez monté, vous avez descendu, vous avez gravi, vous avez glissé, vous avez rampé, vous avez nagé, vous vous êtes élancés.
3. Toujours tu marcheras, tu courras, tu sauteras, tu monteras, tu descendras, tu graviras, tu glisseras, tu ramperas, tu nageras, tu t'élanceras.	3. Toujours vous marcherez, vous courrez, vous sauterez, vous monterez, vous descendrez, vous gravirez, vous glisserez, vous ramperez, vous nagerez, vous vous élancerez.
4. Dès le commencement, tu marchas, tu courus, tu sautas, tu montas, tu descendis, tu gravis, tu glissas, tu rampas, tu nageas, tu t'élanças.	4. Dès le commencement, vous marchâtes, vous courûtes, vous sautâtes, vous montâtes, vous descendîtes, vous gravîtes, vous glissâtes, vous rampâtes, vous nageâtes, vous vous élançâtes.
5. Dieu t'a dit:Marche, cours, saute, monte, descends, gravis, glisse, rampe, nage, élance-toi.	5. Dieu vous a dit : Marchez, courez, sautez, montez, descendez, gravissez, glissez, rampez, nagez, élancez-vous.
6. Dieu a dit à l'homme : Il faut que tu marches, que tu coures, que tu sautes, que tu montes, que tu descendes, que tu gravisses, que tu glisses, que tu rampes, que tu nages, que tu t'élances.	6. Dieu a dit aux hommes : Il faut que vous marchiez, que vous couriez, que vous sautiez, que vous montiez, que vous descendiez, que vous gravissiez, que vous glissiez, que vous rampiez, que vous nagiez, que vous vous élanciez.
7. O homme! pourquoi marches-tu, cours-tu, sautes-tu, montes-tu, descends-tu, gravis-tu, glisses-tu, rampes-tu, nages-tu, t'élances-tu?	7. O hommes! pourquoi marchez-vous, courez-vous, sautez-vous, montez-vous, descendez-vous, gravissez-vous, glissez-vous, rampez-vous, nagez-vous, vous élancez-vous?

SUITE DES EXERCICES SUR LA CONCORDANCE DES TEMPS.

1. Dieu commande : le monde existe, le soleil brille, la lune luit, les étoiles étincellent, la terre tourne, l'homme naît, les quadrupèdes courent, les oiseaux volent, les poissons nagent, les plantes croissent, les sources jaillissent.

2. Dieu a commandé : le monde a existé, le soleil a brillé, la lune a lui, les étoiles ont étincelé, la terre a tourné, l'homme est né, les quadrupèdes ont couru, les oiseaux ont volé, les poissons ont nagé, les plantes ont crû, les sources ont jailli.

3. Dieu commandera : le monde existera, le soleil brillera, la lune luira, les étoiles étincelleront, la terre tournera, l'homme naîtra, les quadrupèdes courront, les oiseaux voleront, les poissons nageront, les plantes croîtront, les sources jailliront.

4. Dieu commanda : le monde exista, le soleil brilla, la lune luisit, les étoiles étincelèrent, la terre tourna, l'homme naquit, les quadrupèdes coururent, les oiseaux volèrent, les poissons nagèrent, les plantes crûrent, les sources jaillirent.

5. Si Dieu commandait, le monde existerait, le soleil brillerait, la lune luirait, les étoiles étincelleraient, la terre tournerait, l'homme naîtrait, les quadrupèdes courraient, les oiseaux voleraient, les poissons nageraient, les plantes croîtraient, les sources jailliraient.

6. Si Dieu avait commandé, le monde aurait existé, le soleil aurait brillé, la lune aurait lui, les étoiles auraient étincelé, la terre aurait tourné, l'homme serait né, les quadrupèdes auraient couru, les oiseaux auraient volé, les poissons auraient nagé, les plantes auraient crû, les sources auraient jailli.

7. Il faut que Dieu commande, pour que le monde existe, que le soleil brille, que la lune luise, que les étoiles étincellent, que la terre tourne, que l'homme naisse, que les quadrupèdes courent, que les oiseaux volent, que les poissons nagent, que les plantes croissent, que les sources jaillissent.

8. Il fallait que Dieu commandât, pour que le monde existât, que le soleil brillât, que la lune luisît, que les étoiles étincelassent, que la terre tournât, que l'homme naquît, que les quadrupèdes courussent, que les oiseaux volassent, que les poissons nageassent, que les plantes crûssent, que les sources jaillissent.

CHAPITRE SEPTIÈME.

DU PARTICIPE.

209. *Participe* signifie qui tient de plusieurs natures. Le *participe* en effet est un mot qui tient, qui *participe* de la nature du verbe et de celle de l'adjectif : il tient du *verbe*, en ce qu'il marque l'action; et de l'*adjectif*, en ce qu'il exprime la manière d'être, l'état.

210. Il y a deux sortes de participes : le participe *présent* et le participe *passé*.

211. Le participe *présent* est un mot verbal en *ant*, qui exprime une action présente : *travaillant, recevant, dormant*.

212. Le participe *passé* exprime toujours l'action dans un temps passé : *travaillé, reçu, dormi*.

CHAPITRE HUITIÈME.

DU NOMBRE.

Devoir traduit au pluriel.

Les Écureuils.

Les écureuils sont de jolis petits animaux qui ne sont qu'à demi sauvages, et qui, par leur gentillesse, par leur docilité, par l'innocence
même de leurs mœurs, mériteraient d'être épargnés. Ils ne sont ni carnassiers ni nuisibles, quoiqu'ils saisissent quelquefois les oiseaux. Ils
sont propres, lestes, très-alertes, très-éveillés, très-industrieux ; ils
ont les yeux pleins de feu ; leur physionomie est fine, leur corps nerveux, leurs membres très-dispos. Ils se tiennent ordinairement assis
presque debout, et se servent de leurs pieds de devant, comme d'une
main, pour porter à leur bouche. Au lieu de se cacher sous terre, ils
sont toujours en l'air ; ils approchent des oiseaux par leur légèreté ; ils
demeurent comme eux sur la cime des arbres, parcourent les forêts en
sautant de l'un à l'autre, y font leur nid, cueillent les graines, boivent
la rosée, et ne redescendent à terre que quand les arbres sont agités
par la violence des vents. Ils craignent l'eau plus encore que la terre,
et l'on assure que, lorsqu'ils veulent la passer, ils se servent d'une
écorce pour vaisseau, et de leur queue pour voile et pour gouvernail. Ils
ne s'engourdissent pas pendant l'hiver ; ils sont en tout temps très-
éveillés, et pour peu que l'on touche au pied de l'arbre sur lequel ils repo-
sent, ils sortent de leur petite bauge, fuient sur un autre arbre, ou se
cachent à l'abri d'une branche. Ils ramassent des noisettes pendant
l'été, ils en remplissent les troncs, les fentes des vieux arbres, et ont
recours en hiver à leur provision. Leur voix est éclatante ; ils ont en
outre un petit murmure qu'ils font entendre toutes les fois qu'on les
irrite. Ils sont trop légers pour marcher : ils vont ordinairement par
petits sauts, et quelquefois par bonds ; ils ont les ongles si pointus et
les mouvements si prompts, qu'ils grimpent en un instant sur un
hêtre, dont l'écorce est fort lisse.

Devoir traduit au singulier.

Le Chat.

Le chat est un domestique infidèle ; on ne le garde que par nécessité.
Quoique cet animal, surtout quand il est jeune, ait de la gentillesse, il
a en même temps une malice innée ; son caractère est faux, son naturel
pervers. Ses défauts, que l'éducation ne fait que masquer, augmentent
encore par l'âge. De voleur déterminé, il devient seulement, lorsqu'il
est bien élevé, souple et flatteur comme le fripon : il a la même adresse,
la même subtilité ; comme lui, il couvre sa marche, dissimule son dessein, épie les occasions, attend, choisit, saisit l'instant de faire son
coup, se dérobe ensuite au châtiment, fuit et demeure éloigné jusqu'à
ce qu'on le rappelle, ou qu'il juge que son maître n'est plus irrité contre

lui. Il n'a que l'apparence de l'attachement ; on le voit à ses mouvements obliques, à ses yeux équivoques ; il ne regarde jamais en face la personne aimée ; il se défie, il prend des détours pour en approcher, et en obtenir des caresses auxquelles il n'est sensible que pour le plaisir qu'elles lui font. Bien différent de cet animal fidèle dont tous les sentiments se rapportent à la personne de son maître, le chat ne sent que pour lui et n'aime que sous condition.

Fable traduite au pluriel.

Les deux Grillons et les deux Papillons.

Deux pauvres petits grillons, cachés dans l'herbe fleurie, regardaient deux papillons voltigeant dans la prairie. Les insectes ailés brillaient des plus vives couleurs ; l'azur, la pourpre et l'or éclataient sur leurs ailes ; jeunes, beaux, petits-maîtres, ils courent de fleurs en fleurs, prenant et quittant les plus belles. Ah ! disaient les grillons, que leur sort et le nôtre sont différents ! Dame nature pour eux fit tout et pour nous rien : nous n'avons point de talents, encore moins de figure ; nul ne prend garde à nous, l'on nous ignore ici-bas. Autant vaudrait n'exister pas. Comme ils parlaient, dans la prairie arrive une troupe d'enfants. Aussitôt les voilà courant après ces papillons dont ils ont tous envie. Chapeaux, mouchoirs, bonnets, servent à les attraper. Les insectes cherchent vainement à leur échapper ; ils deviennent bientôt leur conquête. L'un les saisit par l'aile, un autre par le corps ; un troisième survient et les prend par la tête. Il ne fallait pas tant d'efforts pour déchirer les pauvres bêtes. Oh ! oh ! disent les grillons, nous ne sommes plus fâchés ; il en coûte trop cher pour briller dans le monde. Combien nous allons aimer notre retraite profonde ! Pour vivre heureux, vivons cachés.

Sujet traduit au singulier.

Le Renard.

Le renard est fameux par ses ruses, et mérite en partie sa réputation. Ce que le loup ne fait que par la force, il le fait par adresse, et réussit plus souvent ; ses ressources semblent être en lui-même. Fin autant que circonspect, ingénieux et prudent, même jusqu'à la patience, il varie sa conduite ; il a des moyens de réserve qu'il sait n'employer qu'à propos ; il veille de près à sa conservation ; il ne se fie pas entièrement à la vitesse de sa course ; il sait se mettre en sûreté en se pratiquant un asile où il se retire dans les dangers pressants, où il s'établit, où il élève ses petits. Ce n'est point un animal vagabond, mais un animal domicilié. Le renard tourne tout à son profit ; il se loge à portée des hameaux ; il écoute le chant des coqs et les savoure de loin ; il prend habilement son temps, cache son dessein et sa marche, se glisse, se traîne, arrive, et fait rarement des tentatives inutiles. S'il peut franchir les clôtures ou passer par-dessous, il ne perd pas un instant, il ravage la basse-cour, y met tout à mort, et se retire ensuite lestement en emportant sa proie à son terrier. Il chasse les jeunes levrauts en plaine, saisit quelquefois les lièvres au gîte, ne les manque jamais lorsqu'ils sont blessés, découvre les nids de perdrix, prend la mère sur les œufs, et détruit une quantité prodigieuse de gibier.

Fable traduite au pluriel.

Les Hérons.

Un jour, sur leurs longs pieds, allaient, je ne sais où, les hérons au long bec emmanché d'un long cou : ils côtoyaient une rivière. L'onde était transparente ainsi qu'aux plus beaux jours; ma commère la carpe y faisait mille tours avec le brochet son compère. Les hérons en eussent fait aisément leur profit : tous approchaient du bord, les oiseaux n'avaient qu'à prendre; mais ils crurent mieux faire d'attendre qu'ils eussent un peu plus d'appétit. Ils vivaient de régime et mangeaient à leurs heures. Après quelques moments, l'appétit vint : les oiseaux, s'approchant du bord, virent sur l'eau des tanches qui sortaient du fond de ces demeures. Le mets ne leur plut pas; ils s'attendaient à mieux, et montraient un goût dédaigneux, comme le rat du bon Horace : —Nous, des tanches ! dirent-ils; nous, hérons, que nous fassions une si pauvre chère ! Et pour qui nous prend-on ? — La tanche rebutée, ils trouvèrent du goujon. — Du goujon ! c'est bien là le dîner de hérons ! nous ouvririons pour si peu le bec ! Aux dieux ne plaise ! — Ils l'ouvrirent pour bien moins : tout alla de façon qu'ils ne virent plus aucun poisson. La faim les prit : ils furent tout heureux et tout aises de rencontrer un limaçon.

Devoir traduit au singulier.

L'Égoïste.

L'égoïste ne vit que pour lui, et tous les hommes ensemble sont, à son égard, comme s'ils n'étaient pas. Est-il à table, il s'empare de la première place : il oublie que le repas est pour lui et pour toute la compagnie; il se rend maître des plats et ne s'arrête à aucun des mets qu'il n'ait achevé d'essayer de tous: il voudrait pouvoir les savourer tous à la fois : il ne se sert à table que de ses mains: il manie les viandes, les remanie, démembre, déchire, et en use de manière qu'il faut que les conviés, s'ils veulent manger, mangent ses restes : il ne leur épargne aucune de ces malpropretés dégoûtantes, capables d'ôter l'appétit aux plus affamés : le jus et les sauces lui dégouttent du menton et de la barbe. Quand il veut se servir, il pique dans le plat avec sa fourchette, et répand en chemin le jus sur la nappe : on le suit à la trace. Il mange haut et avec grand bruit; il roule les yeux en mangeant ; il n'attend pas qu'il soit hors de table pour écurer ses dents ; il se sert de son cure-dents au milieu du repas, puis il continue à manger. En quelque endroit qu'il se trouve, il s'établit commodément et prend ses aises. Il n'y a dans un carrosse que la place du fond qui lui convienne ; dans toute autre, si on veut l'en croire, il pâlit et tombe en faiblesse. En un mot, partout où il se trouve, il embarrasse tout le monde, ne se contraint pour personne, ne plaint personne, ne connaît de maux que les siens, ne pleure point la mort des autres, n'appréhende que la sienne, qu'il rachetterait volontiers de l'extinction du genre humain.

Fable traduite au pluriel.

Les deux Enfants et les deux Serins.

Deux enfants qui, toujours volages, malgré les soins constants d'un maître habile et sage, en deux ans n'avaient rien appris, entendaient deux serins qui, perchés dans leur cage, sifflaient parfaitement un air des plus jolis. Surpris, émerveillés de ce charmant ramage : — Nous savions, dirent les enfants, que des serins chantaient bien ; mais nous ignorions qu'ils pussent être musiciens. Comment, ajoutèrent-ils, avez-vous donc fait pour l'être ? — Comment nous avons fait ? répondirent les serins : nous avons profité des leçons de notre maître ; et lorsqu'il nous sifflait, le soir et le matin, nous oubliions tout le reste, et nous étions tout oreille. C'est à force de l'écouter que nous avons, dans quelque mois, appris à l'imiter ; et c'est pourquoi l'on dit que nous sifflons à merveille. Mais il ne dépend que de vous d'être à votre tour habiles ; il ne faut qu'être, comme nous, à ce que l'on vous enseigne, attentifs et dociles.

Devoir mis au pluriel.

Les Oiseaux-Mouches.

De tous les êtres animés, voici les plus élégants pour la forme et les plus brillants pour les couleurs : les pierres et les métaux polis par notre art ne sont pas comparables à ces bijoux de la nature. Elle les a comblés de tous les dons qu'elle n'a fait que partager aux autres oiseaux. Légèreté, rapidité, prestesse, grâce et riche parure, tout appartient à ces petits favoris. L'émeraude, le rubis, la topaze, brillent sur leurs habits ; ils ne les souillent jamais de la poussière de la terre, et dans leur vie tout aérienne, on les voit à peine toucher le gazon par instants : ils sont toujours en l'air, volant de fleurs en fleurs ; ils ont leur fraîcheur comme ils ont leur éclat ; ils vivent de leur nectar et n'habitent que les climats où sans cesse elles se renouvellent. Rien n'égale la vivacité de ces petits oiseaux, si ce n'est leur courage, ou plutôt leur audace : on les voit poursuivre avec furie des oiseaux vingt fois plus gros qu'eux ; ils s'attachent à leur corps, se laissent emporter par leur vol, et les becquettent à coups redoublés, jusqu'à ce qu'ils aient assouvi leur petite colère. L'impatience paraît être leur âme ; s'ils s'approchent d'une fleur et qu'ils la trouvent fanée, ils lui arrachent les pétales avec une précipitation qui marque leur dépit. Ils n'ont point d'autre voix qu'un petit cri fréquent et répété ; ils le font entendre dans les bois dès l'aurore, jusqu'à ce qu'aux premiers rayons du soleil, ils prennent l'essor dans les campagnes.

CHAPITRE NEUVIÈME

DE L'ADVERBE.

213. L'*Adverbe* est un mot invariable qui sert à *modifier* la signification du verbe, de l'adjectif, ou même d'un autre adverbe. Ex. :

Les heures passent RAPIDEMENT.
L'écureuil est un petit animal TRÈS-*vif.*
Les bons meurent TROP *tôt.*

Rapidement modifie le verbe *passent.*
Très modifie l'adjectif *vif.*
Trop modifie l'adverbe *tôt.*
D'où les mots *rapidement, très, trop,* sont des adverbes.

214. Voici la liste des principaux adverbes : *aujourd'hui, demain, hier, autrefois, jadis, alors, désormais, tôt, tard, bientôt, aussitôt, toujours, jamais, ici, là, où, devant, derrière, dessus, dessous, assez, beaucoup, peu, trop, plus, moins, que, combien, très, fort, si, tant, tellement, davantage, mieux,* etc., et une foule de mots en *ment,* formés d'adjectifs, comme *uniquement, bonnement, ordinairement,* etc.

215. Quand l'adverbe est composé de plusieurs mots, il prend le nom de *locution adverbiale.*

216. Les locutions adverbiales les plus usitées sont : *avant-hier, après-demain, sur-le-champ, tout de suite, tout à l'heure, tout à coup, en même temps, ne pas, ne point, sans cesse, ici-bas, tout au plus, pêle-mêle, tour à tour, de nouveau, tout-à-fait, de travers, petit à petit, sans doute,* etc., etc.

217. Tout adverbe en *ment* équivaut à un nom accompagné d'une préposition. Ainsi *sagement* signifie *avec sagesse; fidèlement, avec fidélité, bruyamment, avec bruit,* etc.

L'élève décomposera les adverbes suivants :

Gaîment.	. Avec gaîté.
Attentivement.	Avec attention.
Gloutonnement.	Avec gloutonnerie.
Poliment.	Avec politesse.
Fermement.	Avec fermeté.
Opiniâtrément.	Avec opiniâtreté.
Lentement.	Avec lenteur.
Gentiment.	Avec gentillesse.
Furieusement.	Avec furie.
Habilement.	Avec habileté.
Modérément.	Avec modération.
Aisément.	Avec aisance.
Somptueusement.	Avec somptuosité.
Promptement.	Avec promptitude.
Discrètement.	Avec discrétion.
Follement.	Avec folie.
Douloureusement.	Avec douleur.
Activement.	Avec activité.
Hardiment.	Avec hardiesse.
Ardemment.	Avec ardeur.
Solidement.	Avec solidité.
Sévèrement.	Avec sévérité.
Glorieusement.	Avec gloire.
Orgueilleusement.	Avec orgueil.
Fièrement.	Avec fierté.
Curieusement.	Avec curiosité.

*Étant donnés une préposition et un nom, trouver l'adverbe
de manière qui résulte de leur combinaison.*

Avec générosité.	Généreusement.
Avec prudence.	Prudemment.
Avec honneur.	Honorablement.
Avec honnêteté.	Honnêtement.
Avec patience.	Patiemment.
Avec modestie.	Modestement.
Avec vaillance.	Vaillamment.
Avec facilité.	Facilement.
Avec étourderie.	Étourdiment.
Avec vigueur.	Vigoureusement.
Avec audace.	Audacieusement.
Avec attention.	Attentivement.
Avec éloquence.	Éloquemment.
Avec cruauté.	Cruellement.
Avec mystère.	Mystérieusement.
Avec violence.	Violemment.
Avec clarté.	Clairement.
Avec rapidité.	Rapidement.
Avec régularité.	Régulièrement.
Avec soin.	Soigneusement.
Avec gravité.	Gravement.
Avec négligence.	Négligemment.
Avec constance.	Constamment.
Sans pitié.	Impitoyablement.
En silence.	Silencieusement.

CHAPITRE DIXIÈME.

DE LA PRÉPOSITION.

218. La *Préposition*, mot invariable, sert à marquer le rapport qui existe entre le mot qui la précède et le nom ou pronom
qui la suit.

219. Comme la préposition exige toujours après elle un complément, on reconnaît mécaniquement qu'un mot est préposition
quand on peut le faire suivre d'un *nom* ou d'un *pronom*.

Ainsi *vers, malgré, voilà, selon,* etc., sont prépositions, parce
qu'on peut dire, *vers la* VILLE, *malgré* NOUS, *voilà les* ENNEMIS, *selon*
VOS INTÉRÊTS, etc.

220. Voici les prépositions principales : *à, après, avant, avec,
chez, contre, dans, de, depuis, derrière, dès, devant, durant,
en, entre, envers, excepté, hors, hormis, malgré, moyennant, no-
nobstant, outre, par, parmi, pendant, pour, sans, sauf, selon,
sous, suivant, sur, vers, voici, voilà.*

221. Tout assemblage de mots remplissant les fonctions de
préposition s'appelle *locution prépositive.*

5

222. Les principales locutions prépositives sont : *à cause de, à l'égard de, à l'exception de, au delà de, au-dessous de, au-devant de, en faveur de, jusqu'à, quant à, vis-à-vis.*

223. Remarque. Le dernier mot d'une locution prépositive est ordinairement *à* ou *de.*

CHAPITRE ONZIÈME.

DE LA CONJONCTION.

224. La *Conjonction* est un mot invariable qui sert à joindre ensemble deux phrases ou deux mots semblables d'une même phrase. Ex. :

> *Le printemps* ET *l'automne sont agréables.*
> *La vertu triomphe tôt* ou *tard.*

La conjonction *et* joint le substantif *printemps* au substantif *automne.*

La conjonction *ou* joint l'adverbe *tôt* à l'adverbe *tard.*

N'éprouvez pas vos amis, SI *vous voulez les conserver.*

La conjonction *si* joint le membre de phrase *n'éprouvez pas vos amis* au membre de phrase *vous voulez les conserver.*

225. Voici les conjonctions principales : *car, cependant, comme, donc, et, lorsque, mais, néanmoins, ni, or, pourquoi, pourtant, puisque, quand, que, quoique, si, toutefois.*

226. Tout assemblage de mots remplissant dans une phrase le rôle de conjonction s'appelle *locution conjonctive.*

227. Les locutions conjonctives essentielles sont : *afin que, ainsi que, à mesure que, avant que, de même que, dès que, ou bien, parce que, par conséquent, pendant que, pourvu que, tandis que,* etc., et toute expression terminée par le *que* conjonctif.

CHAPITRE DOUZIÈME.

DE L'INTERJECTION.

228. L'*Interjection* sert à exprimer les mouvements vifs et subits de l'âme, comme la joie, la douleur, la surprise, etc.

229. Liste des principales interjections :

> *Ah! ha! eh! hé! ô! oh! ho! hélas! holà! hein! chut! fi!*
> *bah! aïe! ouais!*

230. Mots pris accidentellement comme interjections :
Alerte! bon! ciel! Dieu! paix! silence! courage!

231. Locutions interjectives :
Fi donc! grand Dieu! juste ciel! oui-dà! eh bien! etc.

Remarques particulières sur les mots invariables.

232. Première remarque. *Que* est *pronom, adverbe* ou *conjonction.*

233. *Que* est *pronom* quand il peut être remplacé par *lequel, laquelle, lesquels,* etc. Ex. :
Le mensonge est un vice odieux QUE *tous les enfants devraient avoir en horreur.* On peut dire :
Le mensonge est un vice, LEQUEL VICE *les enfants,* etc.

234. *Que, adverbe,* signifie *combien :*
QUE *la terre est petite dans l'univers!*
Pour : COMBIEN *la terre est petite!*

235. Dans tous les autres cas, *que* est *conjonction :*
Je crois QUE *les deux pôles sont inhabitables.*

236. Deuxième remarque. Le mot *où* est *adverbe* ou *conjonction.*

237. *Où* est *adverbe* quand il marque le lieu. Ex. :
Où fuyez-vous, mortels timides? — Jeune soldat, où vas-tu?

238. Employé comme *conjonction,* il signifie *ou bien :*
Avec moi de ce pas venez vaincre ou mourir.

239. Nota. *Où,* adverbe, prend toujours l'accent grave.

240. Troisième remarque. *Si* est *adverbe* ou *conjonction.*

241. *Si* est *adverbe* quand il exprime une idée de quantité :
Cet enfant est SI *joli que tout le monde l'aime.*

242. *Si, conjonction,* figure dans une phrase conditionnelle :
SI *le loup vient, nous le tuerons.*

243. Quatrième remarque. On distingue *à* préposition de *a* verbe, en ce que celui-ci peut toujours se remplacer par un autre temps du verbe *avoir.* Exemple :
Il y A *beaucoup de honte à ignorer l'orthographe.*
On peut dire :
Il y AURAIT *beaucoup de honte,* etc., substitution que le sens de la phrase ne permet jamais avec *à* préposition.

244. Cinquième remarque. *En* est *pronom* ou *préposition.*

245. *En* est *pronom* quand il est mis pour *de lui, d'elle, d'eux, d'elles, de cela :*
Sésostris aimait son peuple, et il EN *était tendrement aimé.*
C'est-à-dire *Sésostris était aimé* DE LUI, DE SON PEUPLE.

246. Il est *préposition* dans tous les autres cas :
EN *toute chose il faut considérer la fin.*

CHAPITRE TREIZIÈME.

REMARQUES PARTICULIÈRES SUR LES DIFFÉRENTES ESPÈCES DE MOTS.

DU NOM.

DU GENRE.

247. *Noms sur le genre desquels on se trompe quelquefois :*

SONT MASCULINS :		SONT FÉMININS :
Amadou.	Hospice.	Dinde.
Argent.	Hyménée.	Ebène.
Autel.	Incendie.	Enfant (*petite fille*).
Automne.	Indice.	Horloge.
Centime.	Isthme.	Image.
Éclair.	Ivoire.	Nacre.
Éloge.	Légume.	Noix.
Enfant (*petit garçon*).	Midi (*précis*).	Oasis.
Épiderme.	Obélisque.	Ouïe.
Évangile.	Omnibus.	Outre.
Éventail.	Orage.	Paroi.
Exemple.	Organe.	Patère.
Hémisphère.	Ouvrage.	Sentinelle.
Hôpital.	Platine.	Ténèbres (*épaisses*).

Tous les corrélatifs en italique sont au masculin dans le livre de l'élève.

Un *bel* exemple d'écriture anglaise. Épiderme *épais* et *calleux*. Paroi *intérieure*. Un éloge *pompeux*. Outre *pleine* de vent. Des centimes *additionnels*. Organe *principal*. Omnibus *complet*. Voilà de l'argent *blanc*, de l'argent *neuf*, de bien *bel* argent. Une ouïe *fine* est *une bonne* sentinelle. Un automne *pluvieux* est *malsain.* Savez-vous de combien le liard l'emporte sur *le* centime? Les enfants de chœur sont restés agenouillés devant *le grand* autel depuis *le premier* évangile jusqu'*au dernier.* Une *petite* oasis au milieu d'un vaste désert est l'image *vraie* de la vie : courtes joies, longues douleurs. *Un violent* incendie a dévoré *le grand* hôpital de la ville ainsi que l'hospice *voisin.* Des éclairs *lointains* sont *un* indice d'*un prochain* orage. Ces patères *dorées* sont *un* ouvrage *parfait. Cette* horloge est *un* obélisque de *la* plus *belle* ébène, où l'ivoire et *la* nacre sont *incrustés.* Nous nous mîmes à table à midi *précis*, et nous déjeunâmes de noix *vertes*, d'*une* dinde *truffée* et de *délicieux* légumes.

Substantifs des deux genres.

248. AIGLE, oiseau, est masculin : *L'aigle* FIER *et* COURAGEUX.

AIGLE, signifiant enseigne militaire, drapeau, est féminin : *Les aigles* ROMAINES. *les aigles* IMPÉRIALES.

249. AMOUR, DÉLICE et ORGUE sont masculins quand on les emploie au singulier: UN *amour* FATAL, UN GRAND *délice*, UN *orgue* HARMONIEUX.

Employés au pluriel, ils sont féminins : *De* FATALES *amours, de* GRANDES *délices, des orgues* HARMONIEUSES.

250. COUPLE, signifiant simplement le nombre deux, est féminin : UNE *couple d'œufs,* UNE *couple de chapons.*

Il est masculin s'il sert à désigner des personnes unies par un même sentiment : UN *couple d'amis de fripons;* ou deux animaux agissant de concert : UN BEAU *couple de bœufs.*

251. ENFANT est masculin s'il désigne un petit garçon, et féminin s'il désigne une petite fille : UN CHARMANT *enfant,* UNE CHARMANTE *enfant.*

252. HYMNE, chant guerrier, est masculin : UN *hymne* NATIONAL; HYMNE, chant d'église, est féminin : *Des hymnes* SACRÉES.

253. PERSONNE, pronom indéfini, c'est-à-dire non précédé d'un déterminatif, est masculin : *Je ne connais personne de plus* HEUREUX *que lui.* PERSONNE, substantif, c'est-à-dire précédé d'un déterminatif, est féminin : CETTE *personne est très*-HEUREUSE.

254. QUELQUE CHOSE est masculin s'il signifie *une chose* : *Il m'a dit quelque chose de* FACHEUX ; il est féminin s'il signifie *quelle que soit la chose* : *Je vous pardonne, quelque chose que vous ayez* DITE *contre moi.*

Tous les corrélatifs sont au masculin dans le livre de l'élève.

L'aigle *noir* est *le* plus *beau* et *le* plus *fier* de *tous* les aigles. Le coq gaulois a fait place aux aigles *impériales. Un bel* orgue vaut à *lui seul un* orchestre. Les mille voix des orgues *harmonieuses* font mes plus *chères* délices. L'orpheline est *une* enfant *intéressante.* Le rossignol élève *ses* concerts dans le bocage témoin de ses *premières* amours. Les hymnes les plus *harmonieux* sont *ceux* des poètes grecs. Il y a dans l'église latine des hymnes *nombreuses* d'une musique charmante. Personne n'est plus *heureux* que ma mère quand j'obtiens des succès. Un grand nombre de personnes pensent que les changements de lune amènent des changements de temps : *elles* se trompent. On peut manger *une* couple de pigeons à son déjeûner. *Un* couple de pigeons suffit pour peupler une volière. Y a-t-il quelque chose de plus *touchant* que l'histoire de Joseph vendu par ses frères ?

Genre du substantif GENS.

255. RÈGLE GÉNÉRALE. *Gens* est le synonyme de *hommes.* Ce mot veut au masculin les adjectifs qui le précèdent ainsi que ceux qui le suivent : TOUS *les gens* VERTUEUX *sont* HEUREUX.

EXCEPTION. Si un adjectif est placé *immédiatement* avant le mot *gens,* cet adjectif et tous ceux qui peuvent le précéder se mettent au féminin : *Ce sont de* BONNES *gens.* QUELLES VILAINES *gens!* TOUTES CES VIEILLES *gens.*

Cependant, si l'adjectif qui précède immédiatement le substantif *gens* est terminé au masculin par un *e* muet, comme *brave, honnête, habile,* etc., on rentre dans la règle générale : TOUS *les* BRAVES *gens.* LES VRAIS HONNÊTES *gens.*

Tous les mots en italique sont au masculin dans le livre de l'élève.

Heureux les gens qui ont bien vécu. *Heureuses* sont les *vieilles* gens qui ont bien vécu. En racontant leurs prouesses d'autrefois, les *vieilles* gens sont *ennuyeux*. *Quels* pauvres gens que les avares ! A *quelles* gens parliez-vous donc là ? Le Roi avait accepté l'hospitalité des *premières bonnes* gens qu'il avait *rencontrés*. *Quelles vilaines* gens vous avez *choisis* pour votre société ! *Tous* ces braves gens vous regrettent. Les *vrais* honnêtes gens sont *ceux* qui connaissent leurs défauts et qui les avouent; les *faux* honnêtes gens sont *ceux* qui les dissimulent aux autres et à *eux*-mêmes.

DU NOMBRE.

Aïeul, ciel, œil.

256. Les noms *aïeul, ciel, œil*, ont deux formes différentes au pluriel : *aïeux, cieux, yeux ; aïeuls, ciels, œils*.

257. Aïeux s'emploie dans le sens d'ancêtres : *Ce prince compte vingt rois parmi ses* aïeux.

Aïeuls désigne le grand-père paternel et le grand-père maternel : *Mes deux* aïeuls *sont encore vivants.*

258. Cieux est le pluriel le plus ordinaire de *ciel*. On ne se sert de *ciels* que dans les cas suivants : *Des* ciels *de lit, des* ciels *de tableaux, des* ciels *de carrière.*

259. Œil fait yeux : *J'ai mal aux* yeux. On dit aussi *les* yeux *de la soupe, du pain, du fromage.*

Œils ne se dit guère que pour désigner ces petites lucarnes rondes appelées *œils-de-bœuf*.

Pluriel des noms propres.

260. Les noms propres sont quelquefois employés au pluriel, mais ils n'en prennent pas la marque. Ex. :

Les deux Corneille *sont nés à Rouen. Les* Fénelon, *les* Racine, *les* Bossuet, *vivaient sous Louis XIV.*

Mais ils varient s'ils sont employés comme noms communs, c'est-à-dire pour désigner des individus semblables à ceux dont on cite le nom :

Les Fénelons, *les* Racines, *les* Bossuets *sont rares.*

C'est-à-dire :

Les *écrivains* comme Fénelon, les *poètes* comme Racine, les *orateurs* comme Bossuet.

261. Les mots invariables de leur nature, employés substantivement, ne prennent pas la marque du pluriel : *Les* oui *ne sont pas toujours sincères. Cet élève fait mal ses* huit.

Noms tirés des langues étrangères.

262. Les noms tirés des langues étrangères prennent en général la marque du pluriel. Tels sont :

Des accessits.
Des agendas.
Des albums.
Des alibis.
Des alinéas.

Des biftecks.
Des bravos.
Des déficits.
Des dioramas.
Des dominos.

Des duos.
Des duplicatas.
Des erratas.
Des exeats.
Des factotums.

Des factums.	Des opéras.	Des reliquats.
Des folios.	Des panoramas.	Des solos.
Des imbroglios.	Des pensums.	Des sopranos.
Des impromptus.	Des pianos.	Des spécimens.
Des lazzis.	Des placets.	Des toasts.
Des mémentos.	Des quiproquos.	Des trios.
Des muséums.	Des quatuors.	Des ultimatums.
Des numéros.	Des récépissés.	Des vivats.

Mais on écrit sans *s* au pluriel :

1° Ceux qui sont formés de plusieurs mots, liés ou non par un trait-d'union : *Des auto-dafé, des ecce-homo, des ex-voto, des fac-simile, des in-octavo, des in-folio, des in-pace, des in quarto, des post-scriptum, des Te-Deum,* etc.

2° Les mots latins qui indiquent une prière ou un chant de l'Église . *Des alleluia, des amen, des ave, des benedicite, des confiteor, des credo, des kyrie, des magnificat, des pater, des requiem, des stabat.*

Tous les mots en italique sont au singulier dans le livre de l'élève.

La gloire des *aïeux* ne remplace pas la noblesse du cœur. Mes deux *aïeuls* ont vécu quatre-vingts ans. Les *cieux* annoncent la gloire de Dieu. Les *ciels* de ces tableaux sont trop chargés. Les maisons modernes ont rarement des *œils-de-bœuf*. Une soupe trop maigre n'a point d'*yeux*. Les deux *Racine* n'étaient pas égaux en talents. L'histoire compte plus de *Tibères* que de *Trajans*. Les *Socrate*, les *Newton*, étaient des hommes profondément religieux. Au temps de la Ligue, éclata la guerre des trois *Henri*. Si l'antiquité a eu ses *Alexandre* et ses *César*, la France a eu ses *Charlemagne* et ses *Napoléon*. Trois *huit* de suite font huit cent quatre-vingt-huit. Il y a de l'abus à multiplier les *alinéas*. Il y a des *Requiem*, des *Stabat* et des *Te Deum* célèbres. Certains élèves sont stimulés par des *pensums*, d'autres par des *exeats*. Plusieurs *peu* font un *beaucoup*. Sur la scène, Arlequin a le privilège des *lazzis*. Ces *opéras* ont obtenu les *bravos* du parterre. Les enfants étourdissent souvent avec leurs *pourquoi*.

Des noms composés.

263. On appelle *Noms composés* des substantifs qui résultent de la réunion de plusieurs mots, comme *tête-à-tête, pour-boire, perce-neige*.

264. Les parties qui peuvent entrer dans un mot composé sont le *nom*, l'*adjectif*. le *verbe*, la *préposition* et l'*adverbe*.

Le *nom* et l'*adjectif* sont seuls susceptibles de prendre la marque du pluriel ; la *préposition* et l'*adverbe* restent toujours invariables, et le *verbe* se met à la troisième personne du singulier.

Voici les quatre cas principaux :

265. PREMIER CAS. Si un nom composé est formé de deux substantifs, ou d'un substantif et d'un adjectif, ces deux mots prennent la marque du pluriel. Ex. :

Un chou-fleur, des choux-fleurs.
Un chef-lieu, des chefs-lieux.
Un coffre-fort, des coffres-forts.
Un chat-huant, des chats-huants.

266. Deuxième cas. Si les deux noms sont unis par une préposition, le premier seul se met au pluriel. Ex. :

Un chef-d'œuvre, des chefs-d'œuvre.
Un pot-au-feu, des pots-au-feu.
Un arc-en-ciel, des arcs-en-ciel.

267. Troisième cas. Quand un nom composé est formé d'un substantif et d'un mot invariable (*verbe, préposition, adverbe*), le substantif peut seul prendre la marque du pluriel. Ex. :

Un avant-coureur, des avant-coureurs.
Un arrière-neveu, des arrière-neveux.

268. Quatrième cas. Enfin, si le substantif composé ne renferme que des mots invariables, aucun d'eux ne prend le pluriel. Ex. : *Des passe-partout, des pour-boire.*

Tous les noms composés sont au singulier dans le livre de l'élève.

La Religion et la Justice sont les deux *arcs-boutants* de la société. On appelle *ponts-neufs* des pointes rimées. Quand ils sont irrités, les *boules-dogues* et les *chiens-loups* sont terribles. Les *choux-navets* et les *choux-fleurs* sont de la famille des crucifères. Un esprit faible a peur des *loups-garous* et des *feux-follets*. Les *chats-huants* et les *chauves-souris* sont des oiseaux hideux. Les *chefs-lieux* d'arrondissement sont administrés par des *sous-préfets*. Les *arcs-en-ciel* sont produits par la réfraction des rayons solaires. Nos ménagères font d'excellents *pots-au-feu*. Les *vers-à-soie* nous viennent de la Chine. Les *oiseaux-mouches* sont les *chefs-d'œuvre* de la nature. Je me soucie peu des *ouï-dire* et des *qu'en-dira-t-on*. L'argent et la bonne mine sont d'excellents *passe-partout*.

269. Remarque. Il y a beaucoup d'exceptions à ces règles, et il est essentiel, surtout pour le troisième cas, de consulter le sens du substantif composé, d'en faire l'analyse. C'est le seul moyen de se convaincre s'il y a unité ou pluralité dans l'idée, et de voir, par conséquent, s'il faut faire usage du singulier ou du pluriel.

Nous allons donner deux séries d'exemples à l'appui de ce principe de décomposition.

270. Première série. Il faut écrire au singulier comme au pluriel.

Un ou *des pied-à-terre* (lieux où l'on met le *pied* à *terre*).
Un ou *des coq-à-l'âne* (discours sans suite où l'on saute du *coq* à l'*âne*).
Un ou *des serre-tête* (pour serrer la *tête*).
Un ou *des contre-poison* (remèdes contre le *poison*).
Un ou *des réveille-matin* (horloges qui réveillent le *matin*).
Un ou *des essuie-mains* (linges pour essuyer les *mains*).
Un ou *des couvre-pieds* (pour couvrir les *pieds*).
Un ou *des cure-dents* (pour curer les *dents*).
Un ou *des bec-figues* (oiseaux dont le *bec* pique les *figues*).

271. Deuxième série. On écrit au singulier :

Un hôtel-Dieu (un *hôtel* de *Dieu*).
Un appui-main (un *appui* pour la *main*).
Un avant-coureur (un *coureur* en *avant*).
Un contre-amiral (un *amiral* au-dessous de l'*amiral* en chef).

On écrit au pluriel :

Des hôtels-Dieu (des *hôtels* de *Dieu*).
Des appuis-main (des *appuis* pour la *main*).
Des avant-coureurs (des *coureurs* en *avant*).
Des contre-amiraux (des *amiraux* au-dessous de l'*amiral* en chef).

Tous les noms composés sont au singulier dans le livre de l'élève.

Les deux *Fêtes-Dieu* se sont célébrées avec grande pompe. Les *après-midi* nous paraissent plus longues que les matinées. Les ponts de bateaux n'ont point de *garde-fous*. Les tremblements de terre sont les *avant-coureurs* des éruptions volcaniques. Les *gardes-champêtres* n'ont point accepté de *pour-boire*. Les gens qui travaillent au rabais sont des *gâte-métier*. Nos élèves ont exposé plusieurs *trompe-l'œil* d'un effet charmant. Les rois délivraient autrefois des *blanc-seings*. L'usage des lampes et des bougies a supprimé bien des *porte-mouchettes*. Les *perce-neige* sont des fleurs dont la tige perce la neige. C'est à la religion que l'on doit la création des *hôtels-Dieu* et des *Quinze-Vingts*. Après une ablution, on se sert d'*essuie-mains*. Les soucis sont de tristes *réveille-matin*. Les *appuis-main* sont nécessaires aux peintres même les plus exercés. Que de *coq-à-l'âne* les sots débitent dans leurs *tête-à-tête!*

Du nombre des noms précédés d'une préposition.

272. Il est souvent difficile de savoir à quel nombre on doit employer un nom précédé d'une des prépositions *à, de, en*.

Si le substantif ne représente qu'un objet, il y a unité dans l'idée, il faut employer le *singulier*.

S'il y a pluralité, c'est-à-dire si le substantif éveille à l'esprit l'idée de plusieurs objets, on se sert du *pluriel*.

EXEMPLES DU SINGULIER :	EXEMPLES DU PLURIEL :
Un fruit à NOYAU.	*Un fruit à* PEPINS.
Un sac de BLÉ.	*Un sac de* DRAGÉES.
Dormir AU PIED *d'un arbre.*	*Tomber* AUX PIEDS *du roi.*
Tabac en POUDRE.	*Maison réduite en* CENDRES.

Tous les noms en italique sont au singulier dans le livre de l'élève.

Iʳᵉ PARTIE. Un sac de *pommes*, d'*orge*, de *haricots*. Boulet de *canon*; fonderie de *canons*. Cours de *langue allemande*; cours de *thèmes allemands*. Chapeau de *paille*; bonnet à *rubans*. Brosse à *tête*, à *cheveux*. Cornet à *pistons*; fusil à *piston*. Bêtes à *cornes*; bêtes à *laine*. Instrument à *cordes*; instrument à *vent*. Tas de *pierres*, de *sable*. Morceau de *sucre*; monceau de *ruines*. Eau de *mer*; eau de *roses*. Gerbe de *blé*, de *fleurs*. Botte de *foin*, d'*asperges*. Bouquet de *violettes*; bouquet de *myrte*. Jeu de *cartes*, de *billard*. Compagnon d'*enfance*, d'*armes*. Chaîne de *montre*; chaîne de *montagnes*. Marchand de *poisson*, de *sangsues*. Combat à *coups* de *poings*. Couvert de *sang*, d'*ulcères*. Accablé de *fatigue*, d'*années*. Se munir d'*argent*, de *provisions*. Manquer de *pain*, de *vêtements*.

IIᵉ PARTIE. On confit beaucoup plus de fruits à *pepins* que de fruits à *noyau*. En Russie, les maîtres d'*escrime* sont plus considérés que les maîtres de *langues*. Un parallélogramme à *angles droits* se nomme rectangle. Le contrebandier italien nous est représenté avec un chapeau à *larges bords*, surmonté d'une aigrette de *plumes*. Ma sœur a reçu pour *étrennes* une boîte de *dragées* et des cornets de *pralines*. Les coupables se sont jetés *aux pieds* du juge pour obtenir leur grâce. Saint-Louis suivait *pieds nus* l'étendard de la croix. On aime à se représenter ce bon roi rendant la justice *au pied* du chêne de Vincennes. Les hommes à *imagination* sont souvent des hommes à *préjugés*. La Fable parle d'une femme transformée en *araignée*, et de pâtres transformés en *grenouilles*. Deux hectolitres d'*olives* produisent environ vingt litres d'*huile*. En hiver, les chevreuils vivent de *genêt* et de *ronces*. Sur l'étal des bouchers, on voit toujours plusieurs sortes de *bœuf*, de *veau*, de *mouton*. Un écrivain satirique a dit : L'Académie est un corps où l'on reçoit des gens de *robe*, des gens d'*épée*, des gens de *finance*, des gens de *cour*, des gens d'*église*, et même des gens de *lettres*.

DE L'ARTICLE.

Emploi de l'article.

273. On emploie les articles *du*, *des*, *de la*, devant les noms pris dans un sens partitif, c'est-à-dire exprimant les parties d'un tout :

Voilà DU *papier*, DES *plumes et* DE L'*encre*.

274. Mais si le nom est précédé d'un adjectif, on met *de* et non *du*, *des*, *de la* devant l'adjectif. Ex. :

Voilà DE *beau papier*, D'*excellentes plumes, et* DE *bonne encre*.

Cependant si l'adjectif et le nom sont liés par le sens de manière à former une sorte de nom composé, comme *grand-papa*, *jeunes gens*, *bon sens*, *petits pois*, etc., on fait usage des articles *du*, *des* :

Nous avons mangé DES *petits pois*. *La France compte* DES *grands hommes dans tous les genres*.

Dans le livre de l'élève, les mots en italique sont remplacés par un tiret.

Nous avons passé nos vacances à *des* promenades sur l'eau, *des* parties dans les bois, *des* déjeûners sur l'herbe ; c'étaient, je vous assure, *de* charmantes promenades, *de* delicieuses parties, *de* succulents déjeûners. La France produit *de* bons vins ; l'Angleterre fabrique d'excellente bière. J'aime mieux *des* exemples bien choisis que *de* savantes théories. Sachons préférer *des* censeurs éclairés à *de* complaisants amis. On voit beaucoup *de* pauvres hommes qui ne sont pas pour cela *des* hommes pauvres. L'indulgence des grands-papas, l'étourderie *des* jeunes gens, et la sotte vanité *des* petits-maîtres sont proverbiales. Nous n'avouons *de* petits défauts que pour persuader que nous n'en avons pas *de* plus grands.

275. Avec les adverbes *plus*, *mieux*, *moins*, l'article varie si l'on veut exprimer une comparaison :

Quand elle est auprès de ses enfants, cette mère est LA *plus heureuse des mères*.

276. L'article *le* reste invariable si l'on veut exprimer une qualité, un état porté au plus haut degré, sans idée de comparaison :

C'est auprès de ses enfants que cette mère est LE *plus heureuse*.

Dans le livre de l'élève, LE PLUS, LE MIEUX, LE MOINS, *sont au masculin singulier*.

Souvent les arts *les plus* utiles sont *les moins* considérés. C'est après leur mort que les grands hommes sont *le plus* considérés. De toutes les planètes, la lune est *la plus* rapprochée de la terre. Les plus fortes marées ont lieu lorsque la lune est *le plus* rapprochée de la terre. C'est en été que les eaux sont *le plus* basses. Le goujon aime à nager dans les eaux *les plus* basses. Ceux qui pleurent moins que les autres ne sont pas toujours *les moins* affligés. Les premiers froids sont *les plus* sensibles. C'est vers deux heures du matin que les grandes villes sont *le plus* tranquilles.

277. Quand deux adjectifs, unis par la conjonction *et*, qualifient un même substantif, le déterminatif ne se repète pas devant le second :

Le naïf et sublime La Fontaine ; ce vieux et brave soldat.

Ce serait une faute de dire :

Le naïf et le sublime La Fontaine ; ce vieux et ce brave soldat.

278. Mais si les adjectifs qualifient des substantifs différents, la répétition de l'article devient nécessaire :

L'Ancien et le Nouveau Testament ; ce vieux et ce jeune militaire.

Devoir sur la répétition des déterminatifs.

Le livre des Proverbes de Salomon est rempli *de* belles et utiles maximes. Qui ne sait par cœur *la* touchante et belle fable des *Deux Pigeons ?* Aujourd'hui *l'*Ancien et *le* Nouveau-Monde sont enveloppés d'un immense réseau de chemins de fer. Buffon a déployé toutes les ressources de *son* fécond et brillant génie dans la description du cheval, *ce* noble et utile compagnon de l'homme. Le prédicateur n'a été éloquent qu'à *son* premier et *à son* troisième sermon. Les richesses ne prouvent qu'*une fausse* et trompeuse félicité.

DE L'ADJECTIF.

Adjectifs qualificatifs.

279. *Excepté, passé, supposé, y compris, non compris,* placés avant le nom, deviennent de vraies prépositions, et, par conséquent, sont invariables : EXCEPTÉ *certaines personnes,* PASSÉ *dix heures,* SUPPOSÉ *ces circonstances,* Y COMPRIS *la ferme.*

280. Placés après le nom, ils sont adjectifs et variables : *Les enfants* EXCEPTÉS, *ces circonstances* SUPPOSÉES, *la ferme* Y COMPRISE.

281. Nu, placé devant un nom, reste invariable et se joint au nom par un trait-d'union : Nu-*tête,* NU-*pieds.*

Placé après, NU s'accorde en genre et en nombre avec le nom : *Tête* NUE, *pieds* NUS.

282. DEMI reste invariable s'il précède le nom, et prend un trait-d'union : *Une* DEMI-*heure, des* DEMI-*confidences.*

Demi, placé après le nom, en prend le genre et reste toujours au singulier : *Deux heures et* DEMIE, *trois jours et* DEMI.

283. REMARQUE. Le mot *demi* est substantif dans *une* DEMIE, *la* DEMIE, *cette horloge sonne les* DEMIES. Il est alors susceptible de prendre la marque du pluriel.

284. FEU, signifiant *défunt,* reste invariable, à moins qu'il ne précède *immédiatement* le substantif : *La* FEUE *reine, ma* FEUE *tante.*

Il ne varie donc pas dans les phrases suivantes : FEU *la reine,* FEU *ma tante.*

285. Tout adjectif devient adverbe, et, par conséquent, invariable, quand il modifie un verbe : *Ces étoffes coûtent* CHER; *ces fleurs sentent* BON.

Mais on dirait au féminin pluriel : *Ces étoffes sont fort* CHÈRES, parce qu'ici *chères* est adjectif et qualifie *étoffes*.

Cette particularité a toujours lieu avec le verbe *être* et son équivalent *devenir*.

Tous les mots en italique sont au masculin singulier dans le livre de l'élève.

Les pèlerins voyageaient *nu*-jambes et *nu*-tête ; il n'y a plus aujourd'hui que les mendiants qui marchent pieds *nus*. Les *demi*-mesures dans les occasions critiques sont aussi funestes que les *demi*-remèdes dans les grands maux. A deux heures et *demie*, la statue du héros, haute de six pieds et *demi*, était placée sur sa base et elle apparaissait toute *nue* aux yeux de la foule. Cette pendule sonne les *demies* quand elle devrait sonner les heures. Tout *chers* que sont les perdreaux, venez ; nous en immolerons une *demi*-douzaine à notre appétit, en buvant à *feu* notre rancune. La *feue* reine d'Espagne a légué aux pauvres douze millions et *demi* de réaux. Cette demoiselle chante *haut* et *fort*, et ne prononce pas *net*. Les ennemis se sont arrêtés *court* et ont mis les armes *bas*, au lieu de vendre *cher* leur vie. *Feu* ma grand'mère répétait souvent : A malin, malin et *demi*. On rapporte ce mot d'un tyran : Les cadavres de mes ennemis sentent toujours *bon*. Les légumes, qui étaient d'abord bon marché, sont *devenus* tout à coup très-*chers*. Mademoiselle, tenez-vous *droit*. L'avarice *exceptée*, toutes les passions s'éteignent avec l'âge. Sont ovipares : tous les oiseaux, *excepté* la chauve-souris ; tous les poissons, *excepté* la baleine ; tous les reptiles, *excepté* la vipère.

Adjectifs déterminatifs.

286. VINGT et CENT prennent un *s* quand ils sont précédés d'un adjectif de nombre qui les multiplie, c'est-à-dire lorsqu'ils expriment plusieurs *vingtaines*, plusieurs *centaines*. Ex. :

Quatre-VINGTS *hommes, trois* CENTS *chevaux*.

287. Ils restent invariables :

1° S'ils sont suivis d'un autre nom de nombre : *Quatre-vingt-un, trois cent* DIX.

2° S'ils sont employés pour *vingtième, centième*, ce qui a toujours lieu quand un substantif précède l'adjectif numéral. Ex. :

PAGE *quatre*-VINGT, L'AN *huit* CENT.

288. MILLE, nom de nombre, est toujours invariable : *Dix* MILLE *hommes, l'an deux* MILLE *huit cent avant J.-C.* (1).

289. MILLE, désignant une mesure itinéraire, est substantif, et comme tel, prend un *s* au pluriel : *Un* MILLE, *deux* MILLES, *trois* MILLES *d'Angleterre*.

Dans le livre de l'élève, tous les mots en italique sont au singulier.

Au retour de la Palestine, saint Louis fonda l'hospice des Quinze-*Vingts* pour trois *cents* gentilshommes aveugles. Le Gange parcourt *un* espace de quinze *cents milles*. Le cours de la Seine n'est que de deux

---

(1) On écrit *mil*, par trois lettres, pour l'énonciation des années de notre ère : *Colomb découvrit l'Amérique l'an* MIL *quatre cent quatre-vingt-douze*. Mais cette manière d'orthographier est si irrationnelle et d'ailleurs si mal déterminée, que nous ne pouvions en parler qu'incidemment dans une grammaire *élémentaire*.

cents lieues. Les Français triomphèrent à Marengo l'an *mil* huit *cent*. Socrate mourut l'an quatre *cent*, c'est-à-dire quatre *cents* ans avant la naissance de J.-C. C'est en *mil* quatre-*vingt*-quinze qu'eut lieu la première croisade. Selon le calcul d'un historien, l'armée de Xerxès était de cinq millions deux *cent* quatre-*vingt*-trois *mille* deux *cents* hommes, et sa flotte comptait plus de treize *cents* voiles. Un niais, ayant entendu dire que le corbeau vivait plus de deux *cents* ans, en acheta un pour en faire l'épreuve. Six *milles* d'Angleterre valent à peu près deux lieues et *demie* de poste.

290. Même est *adjectif* ou *adverbe*.

291. *Même* est adjectif et variable :

1° Quand il précède le substantif; alors il exprime l'identité, la ressemblance. Ex. :

Vous retombez sans cesse dans les mêmes *fautes.*

2° Quand il est placé après un seul nom ou après un pronom. Ex. .

Les sauvages mêmes *reconnaissent un Dieu.*
*Les rois eux-*mêmes *doivent respecter les lois.*

292. *Même* est adverbe et invariable :
1° Quand il modifie un verbe. Ex. :

Nous devons aimer même *nos ennemis.*

2° Quand il est placé après plusieurs substantifs. Ex. :

On immola les vieillards, les femmes, les enfants même.

Nota. *Même*, adverbe, signifie *aussi*, *de plus*, *encore*.

Devoir sur le mot même.

Les *mêmes* causes produisent les *mêmes* effets. Les méchants *mêmes* respectent la vertu. Les coupables, pour échapper à leurs remords, se sont livrés eux-*mêmes* à la justice. Dieu pénètre *même* nos plus secrètes pensées. La glace a enchaîné le cours des ruisseaux et des torrents *même*. Le christianisme nous a révélé des principes inconnus *même* aux *Platon* et aux *Aristote*. Les étourdis commettent cent fois les *mêmes* erreurs. L'ombre qui passe, les feuilles *mêmes* qui tombent, épouvantent le coupable. Ces bijoux sont les *mêmes* dont j'ai hérité de mon aïeule. Un bon appétit s'accommode de tous les mets, *même* des moins assaisonnés. Les oiseaux *mêmes* chantent la gloire de Dieu.

293. Tout est *adjectif* ou *adverbe*.

294. *Tout*, adjectif, s'accorde avec le nom ou le pronom auquel il se rapporte :

Tous les serpents ne sont pas venimeux.
Nous sommes tous *mortels.*

295. *Tout*, adverbe, modifie un adjectif ou un autre adverbe, et signifie *entièrement*, *tout-à-fait*, *quelque* :

Cette personne est tout *heureuse.* Tout *heureuse qu'est cette personne...*
Cette fleur est tout *aussi fraîche qu'hier.*

296. Exception. Par raison d'euphonie, *tout*, quoique adverbe, varie quand il est placé devant un adjectif féminin qui commence par une consonne ou un *h* aspiré :

Elle resta toute *surprise,* toute *honteuse.*

297. Remarque. *Tout*, placé immédiatement devant le mot *autre* suivi d'un nom, est adjectif ou adverbe.

Tout est adjectif et variable si le sens permet de le mettre immédiatement avant le nom : Toute *autre proposition ne saurait me convenir.* On peut dire : Toute *proposition autre...*

298. Il est adverbe et invariable si cette transposition ne peut avoir lieu : *On lui a fait une* tout *autre proposition.* On ne peut pas dire : *Une* toute *proposition autre.*

Le seul changement possible est celui-ci : *Une proposition* tout *autre.* Alors *tout* modifie *autre* et signifie *entièrement, tout-à-fait.*

Devoir sur le mot tout.

Les heures se suivent, mais *toutes* ne se ressemblent pas. *Toute* vérité n'est pas bonne à dire. *Tout* intimidées que fussent ces jeunes filles, elles ont répondu à *toutes* les questions qu'on leur a adressées. Une femme *tout* éplorée s'est jetée aux genoux de la princesse et lui a confié *toutes* ses douleurs. *Toute* pauvre qu'est cette famille, elle soulage bien des misères. Une lionne *toute* furieuse s'élance dans l'amphithéâtre et respecte les martyrs ; la populace *tout* indignée, *toute* frémissante, demande les bourreaux. Le petit montagnard avait les mains *toutes* rouges de froid, les yeux *tout* humides de larmes, la poitrine *toute* gonflée de soupirs. La seconde partie de la vie se passe quelquefois *tout* entière à regretter la première. La fortune rend les hommes *tout* autres. Demandez-moi *toute* autre chose. Ce que je vous demande là est une *tout* autre chose. Certaines gens sont *malheureux*, qui mériteraient une *tout* autre condition. En arithmétique, la méthode par l'unité est préférable à *toute* autre. L'éducation *toute* différente que nous avons reçue m'a inspiré de *tout* autres sentiments que les vôtres. La vertu est le souverain bien : *toute* autre richesse est illusoire.

299. Quelque est *adjectif* ou *adverbe.*

300. *Quelque* est adjectif quand il est suivi d'un nom ou d'un adjectif accompagné d'un nom. Ex. :

Ayez quelques *amis,* quelques *vrais amis.*

301. *Quelque* est adverbe quand il modifie soit un adjectif, soit un adverbe :

Quelque *habiles que vous soyez...* Quelque *adroitement que vous vous y preniez...*

302. *Quelque* s'écrit en deux mots (*quel que*) quand il est placé devant un verbe. Alors *quel* est adjectif indéfini, et s'accorde en genre et en nombre avec le sujet du verbe :

Quels que *soient vos talents...* Quelles que *soient votre naissance et votre fortune...*

Devoir sur le mot quelque.

Un élève étourdi s'attire toujours *quelques* réprimandes. Il ne suffit pas pour réussir d'avoir *quelques* bonnes qualités, il faut y joindre *quelque* savoir-faire. *Quelque* pures que soient les intentions, l'envie les incrimine toujours. *Quels que* soient vos talents naturels, le travail seul peut les féconder. *Quelles que* soient nos illusions, le temps les détruit. *Quels que* fussent leur sang-froid et leur fermeté, *quelques* tyrans avaient peur des astrologues. Si vous prêchez la vertu, donnez-en *quelques* exemples. *Quelque* malheureux que soient les accidents qui nous arrivent, il n'en est aucun dont nous ne puissions tirer *quelque* profit.

Quelle que soit la violence de nos penchants, de *quelques* séductions que nous soyons entourés, *quelque* fréquentes même que soient nos fautes et nos rechutes, nous triompherons du mal si nous avons *quelque* persévérance.

303. *Chaque*, adjectif indéfini, doit toujours être suivi du nom auquel il se rapporte. Ne dites donc pas : *Ces livres coûtent deux francs* CHAQUE ; mais dites : *Ces livres coûtent deux francs* CHACUN.

DU PRONOM.

Pronoms personnels.

304. Les pronoms *le, la, les,* prennent le genre et le nombre des noms qu'ils représentent. Ex. :

Madame, êtes-vous la MALADE ? — *Je* LA *suis.*
Messieurs, êtes-vous les MÉDECINS ? — *Nous* LES *sommes.*

Mais le pronom *le* reste invariable s'il rappelle l'idée d'un adjectif ou d'un nom pris adjectivement. Ex. :

Madame, êtes-vous MALADE ? — *Je* LE *suis.*
Messieurs, êtes-vous MÉDECINS ? — *Nous* LE *sommes.*

Dans le livre de l'élève, les mots LE, LA, LES, *sont remplacés par un tiret.*

Ceux qui sont amis de tout le monde ne *le* sont de personne. Madame, êtes-vous mère?—Je *le* suis. Etes-vous la mère de cet enfant ?—Je ne *la* suis pas. Vos frères sont-ils décorés?—Ils ne *le* sont pas. Cette jeune fille désire se faire religieuse ; on ne veut pas qu'elle *le* soit. Plusieurs villes ont été capitales, et ne *le* sont plus aujourd'hui. Les Tyriens étaient marchands, les Carthaginois *l'*ont été comme eux. Etes-vous la portière de cette maison? — Je *la* suis. On disait les travaux terminés; il paraît qu'ils ne *le* sont pas encore.

305. Quand on parle des choses, au lieu des pronoms *lui, elle, eux, elles,* précédés d'une préposition, il faut se servir des pronoms *en, y.* Ne dites donc pas, en parlant d'un devoir : *Je suis content* DE LUI ; *je ne* LUI *trouve plus de fautes.*

Dites : *J'*EN *suis content ; je n'*Y *trouve plus de fautes.*

Devoir sur l'emploi de LUI, ELLE, EUX, ELLES, EN, Y.

Mon devoir est bien fait, j'*y* ai consacré tous mes soins. Quand un élève a des dispositions heureuses, le maître *lui* consacre tous ses soins. La force est brutale, l'homme ne doit pas *en* abuser. Plus j'étudie les sciences, plus j'*y* découvre de difficultés. L'éloquence est un don de la nature, mais l'art *y* ajoute de la perfection.

306. Lorsqu'un verbe à l'impératif a deux pronoms pour compléments, l'un direct, l'autre indirect, le pronom complément direct s'énonce toujours le premier :

Montrez-LE-MOI, *donnez*-LA-NOUS, et non *montrez*-MOI-LE, *donnez*-NOUS-LA.

Devoir sur la place des pronoms compléments.

Quand vous sortirez, dites-*le-moi*. Le travail est la source du bonheur ; livrez-*vous-y* avec ardeur. Cette fable est fort jolie; récitez-*la-nous*. Or çà, lui dit le sire, que sens-tu ? dis-*le-moi*.

307. En parlant des personnes, on ne doit faire usage du pronom *soi* que lorsqu'il se rapporte à l'un des pronoms indéfinis *aucun, chacun, nul, on, personne, quiconque* :

Aucun n'est prophète chez soi.
Chacun pour soi *est une maxime égoïste.*
Quiconque n'aime que soi *n'est aimé de personne.*

Dans tous les autres cas, on emploie *lui, eux*, au lieu de *soi*.

Dans le livre de l'élève les pronoms en italique sont remplacés par un tiret.

Quiconque rapporte tout à *soi* n'a pas beaucoup d'amis. Quiconque hait le travail n'a assez ni de *soi* ni des autres. Les occasions font connaître un homme aux autres et encore plus à *lui*-même. Dans une ruche d'abeilles aucune ne travaille pour *soi*. Personne n'est mécontent de *soi* ni satisfait des autres. L'Anglais emporte partout sa patrie avec *lui*.

308. REMARQUE. Le pronom personnel *leur*, placé immédiatement avant ou après un verbe, ne prend jamais *s* : *Nous* LEUR *avons parlé; parlez*-LEUR.

Pronoms démonstratifs.

309. Les pronoms *celui-ci, celui-là* ne doivent pas s'employer indifféremment. De deux noms énoncés précédemment, *celui-ci* désigne le plus proche, et *celui-là* le plus éloigné. Ex. :

La rose et la tulipe sont deux fleurs charmantes; mais CELLE-CI *est sans odeur, et* CELLE-LA *exhale un parfum délicieux.*

Devoir sur l'emploi des pronoms démonstratifs CELUI-CI, CELUI-LA.

Le peintre et le poète ont beaucoup de rapport ensemble : *celui-ci* peint pour les oreilles, *celui-là* peint pour les yeux. C'est surtout à l'état de domesticité que le chien et le chat montrent la différence de leur caractère : *celui-là* s'attache à son maître, *celui-ci* ne s'attache qu'à la maison. Rien ne ressemble plus à un perroquet qu'un élève inattentif : *celui-là* parle, *celui-ci* récite sans comprendre.

Pronoms relatifs.

310. *A qui*, et ses équivalents *auquel, à laquelle*, etc., se disent des personnes; mais, en parlant des choses, il ne faut faire usage que des pronoms *auquel, à laquelle*, etc. Ex. :

La rose est la fleur à LAQUELLE *les poètes donnent la préférence.*
A qui serait une faute.

311. Ne dites pas : *C'est à vous* A QUI *je parle, c'est de vous* DONT *il s'agit, c'est là* OU *je vais.*

Le rapport étant suffisamment indiqué par les compléments *à vous, de vous, là*, il faut dire : *C'est à vous* QUE *je parle, c'est de vous* QU'IL *s'agit, c'est là* QUE *je vais.*

312. Avec les verbes *sortir, descendre* et leurs équivalents, on emploie *dont* pour exprimer l'idée d'*être issu*, d'*être né* ; et d'*où* pour exprimer l'action physique de sortir. Ex. :

La famille DONT *je sors est honorable.*
L'arbre D'OÙ *je descends est lisse.*

. *Devoir sur l'emploi des pronoms relatifs.*

310. C'est Racine qui a introduit dans notre langue poétique cette richesse et cette élégance de style *auxquelles* elle doit tout son lustre. Les moutons, à la dépouille *desquels* nous devons nos vêtements, servent encore à notre nourriture. Les divines promesses *dans lesquelles* j'ai toujours eu foi, m'ont consolé de bien des misères.

311. Ce n'est point de vous *qu'il* s'agit ; c'est de votre famille *que* je veux vous entretenir ; c'est à elle *que* je consacrerai ma lettre entière. La gloire était l'unique but de Charles XII : c'est là *que* tendaient tous ses efforts. Ce n'est point dans la richesse *que* réside le vrai bonheur : c'est à la vertu seule *que* l'on doit une tranquillité inaltérable.

312. Quand un homme se distingue par son génie, on s'inquiète peu de la famille *dont* il descend. Les fameux défilés *d'où* l'armée romaine ne put s'échapper s'appelaient Fourches-Caudines. La source *d'où* s'échappent les plus grands fleuves est à peine remarquée. Après la mort, l'âme retourne à Dieu *dont* elle est descendue. Le pauvre exilé regrette toujours la patrie *d'où* il a été banni. La plupart des carrières *d'où* l'on tire le marbre blanc sont situées en Italie.

Pronoms indéfinis.

313. Le pronom *on* est en général du masculin singulier ; mais il peut représenter le féminin et le pluriel, ce qui a lieu quand le sens de la phrase indique clairement que l'on parle d'une femme ou de plusieurs personnes :

Mademoiselle, est-ON plus OBÉISSANTE *aujourd'hui ?*

Après la mort ON *est* ÉGAUX.

314. *L'un et l'autre, les uns et les autres* expriment une idée de pluralité ; *l'un l'autre, les uns les autres* une idée de réciprocité. On dira donc : *Ils partiront* L'UN ET L'AUTRE. *Ils s'aiment* L'UN L'AUTRE. *Les hommes doivent s'aider* LES UNS LES AUTRES.

Il faut dire :

Ils se sont nui L'UN A L'AUTRE.
Je les ai connus ennemis L'UN DE L'AUTRE.

Et non :

Ils se sont nui L'UN L'AUTRE.
Je les ai connus ennemis L'UN L'AUTRE.

La préposition à employer est toujours indiquée par le sens.

Tous les mots en italique sont au masculin singulier dans le livre de l'élève.

315. Quand on est *gracieuse* comme vous l'êtes, madame, on est toujours *jolie.* Il n'y a rien de si rare qu'une amitié constante ; aujourd'hui on est *associés* et *amis*, demain on est *rivaux* et *ennemis.* Fille d'un grand artiste, on aime les arts, il est vrai, mais on n'est pas pour cela *peintre* ou *musicienne.*

314. Nous étions au collége cinq élèves qui nous aimions beaucoup *les uns les autres*. Quand deux hommes disputent sur des riens, on peut les tenir pour battus *l'un et l'autre*. Voilà de vrais amis qui se sont toujours soutenus *l'un l'autre*, et qui se sont toujours rendu *l'un à l'autre* les plus grands services. Il arrive souvent que deux ennemis s'estiment *l'un l'autre* en dépit de l'inimitié qui les anime *l'un contre l'autre*. En se fréquentant assidûment, ces deux jeunes gens se sont nui *l'un à l'autre*. Mes enfants, aimez-vous *les uns les autres;* rendez-vous service *les uns aux autres ;* ne parlez jamais mal *les uns des autres*.

DU VERBE.

Accord du verbe.

315. Le verbe s'accorde en nombre et en personne avec son sujet. Quand un verbe a plusieurs sujets singuliers, il se met au pluriel. Si les sujets sont de différentes personnes, le verbe s'accorde avec celle qui a la priorité (V. § 160 *et suivants*).

EXCEPTIONS.

316. Lorsqu'un verbe a plusieurs sujets, il s'accorde avec le dernier :

1° Lorsque les sujets sont synonymes :

Son courage, son intrépidité ÉTONNAIT *les plus braves.*

2° Lorsque les sujets sont unis par la conjonction *ou :*

Mon père ou ma mère VIENDRA.

3° Lorsque les sujets expriment une gradation :

Un seul mot, un soupir, un coup-d'œil nous TRAHIT.

317. PREMIÈRE REMARQUE. Quand les sujets sont liés par l'une des expressions conjonctives *comme, ainsi que, de même que, aussi bien que,* le verbe s'accorde avec le premier sujet :

L'enfant, comme la vigne, A *besoin de support.*
L'or, ainsi que les liqueurs fortes, AUGMENTE *la soif.*

318. DEUXIÈME REMARQUE. Lorsque le verbe a deux sujets joints par la conjonction *ni,* il se met au pluriel si les deux sujets peuvent faire l'action marquée par le verbe :

Ni l'or ni la grandeur ne nous RENDENT *heureux.*

Il se met au singulier si l'action ou l'état exprimé par le verbe ne convient qu'à un seul des sujets :

*Ni l'une ni l'autre n'*EST *ma mère.*

Devoir sur l'accord du verbe avec le sujet.

L'homme n'est qu'un roseau, le plus faible de la nature ; une goutte d'eau, une vapeur *suffit* pour le tuer. La corruption, l'infection *attire* les vautours au lieu de les repousser. L'ennui, le chagrin, un travail trop assidu *abrégent* la vie. La vertu, ainsi que le savoir, *a* du prix Votre intérêt, votre gloire, votre honneur l'*exige.* Ni la douceur ni la force n'*ébranlent* un sot entêté. L'éléphant, comme le castor, *aime* la société de ses semblables. Le chagrin ou la misère *peut* pousser à une fatale résolution. La force de l'âme, comme celle du corps, *est* le fruit de la tempérance. Ni Paul ni Julien ne *remplissent* de rôle dans cette pièce. Ni Paul ni Julien ne *remplit* le rôle principal dans cette pièce. La tête, ainsi que le cou de l'autruche, *est garnie* de duvet. La succession des jours et des nuits, le changement des saisons, *prouvent* que c'est le soleil ou la terre qui *tourne*.

Accord du verbe précédé d'un collectif.

319. Le verbe qui a pour sujet un nom collectif suivi d'un complément s'accorde tantôt avec le collectif, tantôt avec le complément.

320. Le verbe s'accorde avec le collectif si le collectif est *général* :

Le nombre *des malheureux* est *immense.*

Nota. Le collectif *général* exprime une collection *déterminée* d'individus, et est ordinairement précédé d'un des articles simples *le, la, les.*

321. Le verbe s'accorde avec le complément du collectif si ce collectif est *partitif* :

Un nombre immense de malheureux demandent *des secours.*

Nota. Le collectif *partitif* représente une collection *vague, indéterminée,* et est, en général, précédé des adjectifs *un, une.*

322. Remarque. Après les adverbes de quantité *bien des, beaucoup de, peu de, assez de,* et les mots *la plupart des, une infinité de, un grand nombre de.* etc., le verbe s'accorde toujours avec le complément exprimé ou sous-entendu.

Devoir sur l'accord du verbe précédé d'un collectif,

Le nombre prodigieux de végétaux que Dieu a fait naître nous *présente* un spectacle fort agréable. Aux jours de fête, la foule des chrétiens se *presse* dans les temples. Le jour de l'Assomption, une foule de jeunes filles vêtues de blanc *suivent* la bannière de la Vierge. Une troupe *(collection déterminée)* de jeunes faons *sortit* tout à coup de la forêt. Assez de gens *méprisent* les richesses, mais peu *savent* y renoncer. Peu d'hommes *ont* de l'esprit sans le savoir; beaucoup en *font* quand ils n'en *ont* pas ; la plupart *sont* jaloux de celui des autres. En été, une quantité d'insectes *dévorent* nos moissons. Peu d'hommes *résistent* à la corruption ; le grand nombre *suit* le torrent. Une infinité de familles entre les tropiques se *nourrissent* des fruits du bananier ; un grand nombre d'autres ne *vivent* que de poisson cru.

Emploi de c'est, ce sont.

323. On emploie *c'est* au lieu de *ce sont* dans les cas suivants : *c'est nous, c'est vous, c'est votre paresse et votre étourderie qui vous font punir.*

Mais on se sert de *ce sont* devant une troisième personne du pluriel exprimée par un nom ou un pronom : *Ce sont les vices qui dégradent l'homme; ce sont eux qui le rendent malheureux.*

Devoir sur l'emploi de c'est, ce sont.

C'est l'intempérance et l'oisiveté qui perdent les hommes. Nous croyons que tout change quand *c'est* nous qui changeons. *Ce sont* les ingrats qui font les égoïstes. Ce que l'on admire surtout chez le savant, *c'est* sa modestie et sa vertu.

Compléments du verbe.

324. Il ne faut pas donner à un verbe d'autre complément que celui qui lui convient. Par exemple, on ne dit pas :

Le livre QUE *je me sers. Je me rappelle* DE *cet événement. Je m'*EN *rappelle.*

Le verbe *servir* exigeant un complément indirect, et *se rappeler* un complément direct, on dira :

Le livre DONT *je me sers. Je me rappelle cet événement. Je me* LE *rappelle.*

325. Quand deux verbes veulent, l'un un complément direct, l'autre un complément indirect, il faut donner à chacun d'eux le complément qui lui convient, et non un complément commun. Ainsi on dira bien :

Ce général ASSIÉGEA *et* PRIT *la ville,*

parce que *assiéger* et *prendre* veulent l'un et l'autre un complément direct ; mais on ne dira pas :

Ce général ASSIÉGEA *et* S'EMPARA *de la* VILLE,

parce que *assiéger* veut un complément direct et *s'emparer* un complément indirect. Il faudrait dire :

Ce général ASSIÉGEA *la* VILLE *et* S'EN EMPARA.

326. On ne dira pas non plus : *Il est entré et sorti* DU PORT *plus de cinquante vaisseaux;* mais on dira : *Il est entré dans* LE PORT *et il* EN *est sorti plus de cinquante vaisseaux.*

327. Cette règle s'applique aussi aux adjectifs.

Lorsque deux adjectifs régissent une même préposition, on peut leur donner un complément commun : *Il est* UTILE *et* CHER *à sa famille.*

Mais on ne dira pas : *Il est* UTILE *et* CHÉRI *de sa famille,* car *utile* demande la préposition *à,* et *chéri* la préposition *de.*

Il faut alors modifier la construction de la phrase, de manière à donner à chaque adjectif le complément qui lui est propre, et dire ici : *Il est* UTILE À *sa famille et il* EN *est* CHÉRI.

Devoir sur les compléments du verbe et de l'adjectif.

Il faut *aimer* ses supérieurs et *leur obéir.* Il *a entendu* le sermon et il *en a profité.* Il *allait* chaque jour à la ville et il *en revenait. Abstiens*-toi des biens d'autrui et ne *les convoite* jamais. Charles-Quint, avec quatre-vingt mille hommes, *assiégea* la ville de Metz et ne put *s'en emparer.* Charles et Edouard sont *entrés* au collége et *en sont sortis* la même année. J'*observe* les beaux exemples de l'histoire et j'*en profite.* Les livres dont je me *sers* sont en mauvais état. La mort est un créancier qui n'*épargne* personne et ne *fait grâce* à personne. Les enfants *étudient* les sciences naturelles et *s'y appliquent* sans effort. L'afféterie *gâte* les dons de la nature et n'*y ajoute* rien. Les plaisirs qu'on se *rappelle* le mieux sont ceux dont on a *joui* dans son enfance. Nous devons *aimer* nos semblables et *leur porter* secours. Dieu *a réglé* le mouvement des cieux et *y préside.* Le chien est *sensible* aux caresses de son maître et s'*en* montre *reconnaissant.* Biron était *infidèle* à son roi et s'*en* disait l'*ami.* Que d'hommes ne sont ni *dignes* des places qu'ils postulent, ni *propres* à les remplir! Paris a l'habitude de *ridiculiser* la province et de s'*en moquer.* Il y a du danger à *monter* dans une voiture et à *en descendre* avant qu'elle soit arrêtée.

Règles sur l'emploi des temps.

328. On emploie le présent de l'indicatif à la place de l'imparfait pour exprimer une action qui a lieu dans tous les temps, une chose qui est toujours vraie :

Les anciens n'ont pas su que la terre TOURNE.

Tournait serait une faute.

329. On se trompe souvent dans l'emploi du *passé défini* et du *passé indéfini.*

Le *passé indéfini* s'emploie pour exprimer un temps passé, entièrement écoulé ou non. Ainsi on dira indifféremment :

J'AI ÉCRIT *une lettre ce matin, cette semaine, hier, la semaine dernière.*

Cependant *ce matin, cette semaine,* se rapportent à une période de temps qui n'est pas entièrement écoulée, tandis que la période exprimée par les mots *hier, la semaine dernière,* est tout-à-fait écoulée.

On ne doit, au contraire, faire usage du *passé défini* que s'il s'agit d'un temps complétement écoulé.

Ce serait donc une faute de dire :

J'ÉCRIVIS *une lettre ce matin, cette semaine, cette année.*

330. On emploie souvent, par erreur, le présent du subjonctif à la place de l'imparfait du subjonctif.

Par exemple, au lieu de dire :

Il fallait, il faudrait que vous VINSSIEZ *plus tôt,*

on dit communément :

Il fallait, il faudrait que vous VENIEZ *plus tôt.*

C'est une faute grave. Voici la règle à suivre :

Employez le présent du subjonctif après le présent de l'indicatif :

Je CRAINS *que la pluie ne* TOMBE.

Employez l'imparfait du subjonctif après l'imparfait de l'indicatf et le conditionnel :

Je CRAIGNAIS *que la pluie ne* TOMBAT.
Je CRAINDRAIS *que la pluie ne* TOMBAT.

Devoir sur l'emploi des temps.

528. Thalès est le premier qui ait enseigné que l'âme *est* immortelle. Tous les peuples ont cru qu'il y *a* un Dieu. Quintilien a dit que la conscience *vaut* mille témoins. Un écrivain a dit que l'homme *est* une intelligence servie par des organes. Les anciens croyaient que le sang n'*avait* qu'un mouvement très-lent du cœur vers les extrémités du corps.

529. Nous *avons travaillé* aujourd'hui aux devoirs que le professeur nous *a donnés* hier. Craignant que l'hiver ne fût rigoureux cette année,

je *suis venu* le passer en Italie. Je me *suis levé* à la pointe du jour et je *suis venu* me promener dans les bois, où je vous rencontre heureusement. Je ne *rencontrai* pas l'an passé à la campagne les distractions que j'y *ai trouvées* cette année.

330. Il faut que tu *acquières* de l'instruction. Il faut que vous *fuyiez* la flatterie. Ma mère craint que je ne *coure* trop et que je ne *sois* malade. Fais aux autres ce que tu voudrais qu'on te *fît*. Cicéron méritait qu'on lui *décernât* le titre de Sauveur de la patrie. Un empereur souhaitait que le peuple romain n'*eût* qu'une seule tête. Socrate demandait aux dieux que sa petite maison *fût* pleine de vrais amis. Lorsque nous parions, l'équité veut que nous ne *pariions* pas à coup sûr. Chez les anciens, les juges ordonnaient qu'on *fouettât* le parricide jusqu'au sang, qu'on le *mît* dans un sac et qu'on le *jetât* à la mer. Les enfants voudraient que l'instruction leur *vînt* sans peine. Quand vous voudrez quelque chose, dites : Je désirerais que cela *fût*, mais non : Je veux que cela *soit*. Henri IV voulait que chaque paysan de son royaume *mît* la poule au pot le dimanche. L'avare voudrait que tout l'or de la Californie lui *appartînt*. Quelqu'un disait à Socrate, en versant des pleurs : Vous mourrez donc innocent? — Aimeriez-vous mieux que je *mourusse* coupable ?

DU PARTICIPE.

Participe présent.

331. Le *participe présent* tient du verbe ou de l'adjectif.

Il tient du *verbe* quand il marque l'*action*. Alors il est toujours invariable. Ex. :

On voit des hommes RAMPANT *toute leur vie pour arriver aux honneurs.*

332. Il tient de l'*adjectif* quand il marque l'*état*. Alors il s'accorde en genre et en nombre avec le nom dont il exprime la manière d'être. Ex. :

Il y a des plantes, des bêtes et des personnes RAMPANTES.

333. Pour bien distinguer le *participe-verbe*, c'est-à-dire *invariable*, du *participe-adjectif*, c'est-à-dire *variable*, toute la difficulté consiste donc à savoir reconnaître s'il y a *action* ou *état*.

334. Il y a *action* :

Quand on peut remplacer le participe présent par un autre temps du verbe, précédé de *qui, comme, lorsque*, etc.

335. Il y a *état* :

Quand on peut remplacer le participe par un adjectif qualificatif quelconque.

ÉTAT, PARTICIPE-ADJECTIF, VARIABLE.	ACTION, PARTICIPE-VERBE, INVARIABLE.
On aime les enfants OBÉISSANTS.	*On aime les enfants* OBÉISSANT *aux volontés de leurs parents.*
Ils ont eu la témérité de s'engager sur cette mer MUGISSANTE.	*La mer,* MUGISSANT *avec force, ressemblait à une personne irritée.*
La colline était couverte d'agneaux BONDISSANTS.	*On voyait les agneaux* BONDISSANT *sur l'herbe.*

En appliquant à ces phrases la règle que nous avons indiquée, on obtient :

On aime les enfants SOUMIS, AP-PLIQUÉS, etc.	*On aime les enfants qui* OBÉISSENT *aux volontés de leurs parents.*
Ils ont eu la témérité de s'enga-ger sur cette mer FURIEUSE, COUR-ROUCÉE, etc.	*La mer, qui* MUGISSAIT *avec force, ressemblait à une personne irritée.*
La colline était couverte d'a-gneaux VIFS, JOYEUX, etc.	*On voyait les agneaux qui* BON-DISSAIENT *sur l'herbe.*

336. NOTA. Ajoutons aux deux principes que nous venons de poser, que :

1° Tout mot en *ant* qui est ou peut être précédé du verbe *être* est *participe-adjectif*, et par conséquent variable :

Ces enfants SONT CARESSANTS. *Cette personne est* OBLIGEANTE. *Que d'hommes sont insolents dans la prospérité et* RAMPANTS *dans la dis-grâce!*

2° Tout mot en *ant* qui a un complément direct ou qui est précédé de la préposition *en*, exprimée ou sous-entendue, est *participe-verbe*, et par conséquent invariable :

Nos braves, s'accrochant, se prennent aux cheveux. Vous leur fîtes, seigneur, EN LES *croquant, beaucoup d'honneur.*

Tous les mots en italique sont au masculin singulier dans la partie de l'élève.

Des chiens *courants*. Des lièvres *courant* dans la plaine. Des paroles *mordantes*. Des chiens *mordant* les passants. Ma question n'est pas *embarrassante*. Cette question *embarrassant* les juges, la décision fut ajournée. Des agneaux *appelant* et *reconnaissant* leurs mères. Voici des instruments *tranchants*. Vos explications *tranchant* la difficulté, nous les acceptons. Des ennemis blessés, tués ou *mourants*. Des guerriers *mourant* au champ d'honneur. On voit des pantins se *levant, s'agitant* et se *livrant* à mille exercices *divertissants*. Une personne *obligeant* quelquefois peut n'être pas une personne *obligeante*. Combien voit-on d'hommes *vivant* au jour le jour ! Le brochet se nourrit de petits pois-sons qu'il avale tout *vivants*. On punit les enfants paresseux et *déso-béissants*. Il faut dans un pays civilisé des magistrats *obéissant* aux lois, et des citoyens *obéissant* aux magistrats. Le berger a surpris deux loups *ravissant* un mouton. Les eaux *dormantes* ne tardent pas à devenir *croupissantes*. Ici, on voyait une eau claire, *coulant* tranquillement sur un sable fin ; là, une eau bourbeuse, *croupissant* au milieu des marais. Combien de pères, *tremblant* de déplaire à leurs enfants, sont faibles en se *croyant* tendres ! Les malheureux naufragés passèrent la nuit *tremblants* et à demi morts. On n'aime pas les personnes *contrariantes*. On n'aime pas les personnes *contrariant* tout le monde. Les enfants *aimant* l'étude feront des progrès *surprenants*. Pour les élèves pares-seux, un maître est une autorité *gênante*. L'Amérique renferme des fleuves immenses *roulant* à grands flots leurs vagues *écumantes*.

DU PARTICIPE PASSÉ.

337. La variabilité du *participe passé* est soumise à trois cas géné-raux et à plusieurs cas particuliers.

Ier Cas général.

PARTICIPE EMPLOYÉ SANS AUXILIAIRE.

338. Si le *participe passé* est employé sans auxiliaire, il s'accorde en genre et en nombre avec le nom ou le pronom auquel il se rapporte : *Des moissons* DORÉES, *une vertu* ÉPROUVÉE.

Tous les participes sont au masculin singulier au livre de l'élève.

Ire PARTIE. Les eaux *croupies* sont malsaines. *Éveillée* dès l'aurore, l'alouette chante le lever du soleil. Paul et Virginie étaient comme deux branches *greffées* sur le même tronc. Les belles actions *cachées* sont les plus estimables. Les ailes *déployées* du condor ont jusqu'à dix mètres d'envergure. Le vrai, l'utile et l'agréable *réunis* ne se discernent plus du beau : c'est le beau lui-même. Des bienfaits *reprochés* sont des bienfaits *perdus*. Termosiris racontait si bien les choses *passées*, qu'on croyait les voir. Un mensonge *couvert* par un autre mensonge, c'est une tache *remplacée* par un trou. *Unis* par une même chaîne, les peines et les plaisirs sont inséparables. Voilà des leçons de grammaire bien *sues*, bien *répétées*, mais bien peu *comprises*. Brebis *comptée*, le loup la mange. Brebis *comptées*, le loup les mange. On ne regrette jamais les moments *consacrés* à l'étude. Cent années *passées* dans l'oisiveté ne valent pas une heure bien *employée*.

IIe PARTIE. Les fleurs, les fruits, les grains *perfectionnés, multipliés* à l'infini ; les espèces utiles d'animaux *transportées, propagées, augmentées* sans nombre ; les espèces nuisibles *réduites, confinées, reléguées ;* l'or et le fer moins *estimé*, moins *recherché*, mais plus nécessaire que l'or, *tirés* des entrailles de la terre ; les torrents *contenus*, les fleuves *dirigés, resserrés ;* la mer même *soumise, reconnue, traversée* d'un hémisphère à l'autre ; la terre partout *rendue* aussi vivante que féconde ; les collines *chargées* de vignes et de fruits ; les déserts *devenus* des cités *habitées* par un peuple immense ; des routes *ouvertes* ou *fréquentées*, des communications *établies* partout : telles sont les preuves irrécusables de la gloire et de la puissance de l'homme.

IIe Cas général.

PARTICIPE CONJUGUÉ AVEC *être*.

339. Si le *participe passé* est accompagné de l'auxiliaire *être*, il s'accorde avec le sujet du verbe. Ex. :

La couleur de pourpre A ÉTÉ DÉCOUVERTE *par un chien de berger.*

Considérez avec quel art SONT COMPOSÉES *les quatre ailes du papillon.*

Découverte s'accorde avec *couleur*, sujet du verbe ; *composées* s'accorde avec *ailes*.

Tous les participes sont au masculin singulier dans le livre de l'élève.

Ire PARTIE. Pour les cœurs *corrompus* l'amitié n'est point *faite*. Le corps *né* de la poudre à la poudre est *rendu*. Les cerises furent *apportées* d'Asie à Rome par Lucullus. Les jours *donnés* à Dieu ne sont jamais *perdus*. Tous les genres de beautés ont été *réunis* dans l'homme.

Les hommes nouvelles sont toujours bien *accueillies*. Les médecins vendent l'espérance ; voilà pourquoi ils sont toujours si bien *achalandés*. Depuis l'invention de la poudre, les batailles sont *devenues* moins sanglantes. Les dindes ont été *apportées* d'Asie en Europe par des missionnaires. Comment l'aurais-je fait, si je n'étais pas *né ?* dit l'agneau. Comment l'aurais-je fait, si je n'étais pas *née ?* répondit l'innocente créature. L'homme a été *formé* du limon de la terre, et la femme a été *formée* de l'homme ; l'un et l'autre ont été *formés* à l'image de Dieu. Chacun son métier, les vaches seront bien *gardées*.

-II PARTIE. A chaque condition sont *joints* des dégoûts ; à chaque état sont *attachées* des amertumes. Les Écossais sont *attachés* à leur pays ; ils aiment leurs montagnes avec leurs sommets *couverts* de neige. L'envie rend hideuses les personnes qui en sont *atteintes*. Il y a des hommes sur le visage desquels la méchanceté et la friponnerie sont *écrites* en gros caractères. La noblesse, *donnée* aux pères parce qu'ils étaient vertueux, a été *laissée* aux enfants pour qu'ils le devinssent. On ne peut rien avoir d'un avare et d'une tirelire que lorsqu'ils sont *détruits*. La terre des montagnes est *soutenue* par les rochers, comme les chairs sont *soutenues* par les os du corps humain. Le papier, les vitres et les cheminées n'étaient pas *connus* des Romains. Les corps des anciens étaient *brûlés* dans des toiles d'amiante. Quand Phalante vit l'urne où étaient *renfermées* les cendres de son frère, il versa un torrent de larmes. Que sont *devenus* ceux par qui ont été *construites* les pyramides ?

IIIe Cas général.

PARTICIPE CONJUGUÉ AVEC *avoir*.

340. Si le *participe passé* est accompagné de l'auxiliaire *avoir*, il s'accorde avec son complément direct quand ce complément le précède. Il reste donc invariable :

1° Si le complément direct le suit ;
2° S'il n'a pas de complément de cette nature. Ex. :

— *Les élèves ont* RÉCITÉ.

Récité est invariable, parce qu'il n'a pas de complément direct.

— *Les élèves ont* RÉCITÉ *leur* LEÇON.

Récité est invariable, parce que son complément direct *leçon* le suit.

— *La leçon* QUE *les élèves ont* RÉCITÉE.

Récitée s'accorde avec son complément direct *que* (*laquelle* leçon), qui le précède.

341. Les verbes transitifs n'ayant jamais de complément direct, le participe passé de ces verbes est toujours invariable : *Les hommes vertueux ont* GÉMI.

342. REMARQUE. Dans ces phrases : *Les heures qu'ils ont* DORMI...; *les vingt années qu'il a* RÉGNÉ...; *les années qu'il a* VÉCU *à la campagne*...; *les huit siècles que cette dynastie a* DURÉ...; *les longs mois que j'ai* LANGUI, GÉMI, PLEURÉ, SOUFFERT, etc., les participes *dormi, régné, vécu*, etc., restent invariables, bien qu'ils aient une forme transitive. Les verbes dont ils proviennent sont intransitifs de leur nature ; devant chaque complément, la préposition *pendant* est sous-entendue, et ces phrases équivalent à celles-ci : *Les heures pendant lesquelles ils ont dormi*...; *les vingt ans pendant lesquels il a régné*, etc.

Tous les participes sont au masculin singulier dans le livre de l'élève.

Ire PARTIE. Charlemagne est le premier de nos rois qui ait *fondé* des écoles. Charlemagne visitait souvent les écoles qu'il avait *fondées*. La foudre a *écrasé* deux maisons. La foudre est *tombée* sur deux maisons qu'elle a *écrasées*. Alexandre a *gagné* toutes les batailles qu'il a *livrées*. La nature a toujours *révélé* quelques-uns de ses secrets à ceux qui l'ont *interrogée*. Que de richesses la mer a *englouties* dans son sein ! que de malheurs elle a *causés!* que d'espérances elle a *anéanties !* Les Sybarites avaient *banni* les coqs de l'enceinte de leur ville. Le choléra a *ravagé* toutes les contrées qu'il a *visitées*. La force n'a jamais *persuadé* personne. J'ai *traversé* le champ et la vigne du paresseux, et je les ai *trouvés couverts* d'orties. Toute révélation d'un secret est la faute de celui qui l'a *confié*. Les roses que l'on a *cueillies* le matin sont *fanées* le soir. Ce n'est point le hasard qui nous a *créés*. De tout temps les petits ont *pâti* des sottises des grands. C'est des vertes forêts de la Pologne et de la Moscovie que nous avons *tiré* les abeilles. La vertu a toujours *fait* le bonheur de ceux qui l'ont *pratiquée*. Toutes les nations ont *conçu* l'idée de Dieu. Les plus riches n'ont jamais *emporté* que quatre planches et un linceul.

IIe PARTIE. La paresse va si lentement que la pauvreté l'a bientôt *atteinte*. Les maisons qu'on a *bâties* en hiver ne sont pas aussi saines que celles qu'on a *commencées* au printemps et *finies* au milieu de l'été. Les louanges qu'a *dictées* le cœur sont ordinairement des louanges *méritées*. Heureux celui qui vit comme ont *vécu* ses pères ! Heureux celui qui vit comme ses pères ont *vécu !* Des astronomes et des philosophes ont *soutenu* que toutes les planètes *connues* et non *connues* sont autant de mondes *habités*. Les beaux vers que nous a *légués* Racine, et la prose harmonieuse que nous a *laissée* Fénelon, ont *orné* notre esprit et *enrichi* notre mémoire. Une Lacédémonienne se glorifiait des blessures qu'avait *reçues* son fils en combattant. Ceux qui ont *enrichi* leur patrie d'une seule plante alimentaire lui ont *rendu* plus de services que ceux que lui ont *valu* dix victoires. Chez les Égyptiens, un fils était *obligé* de continuer la profession qu'avait *exercée* son père. Les années qu'il faut regretter le plus sont celles que l'on a *vécu* sans pouvoir s'instruire. L'empereur Antonin est un des plus grands princes qui aient *régné*. Les idées qui ont *vieilli* avec nous s'effacent difficilement.

Cas particuliers.

PARTICIPE DES VERBES PRONOMINAUX.

343. Dans les temps composés des verbes pronominaux, l'auxiliaire *être* est mis pour l'auxiliaire *avoir*.

Je me suis *consolé,*	mis pour	J'ai *consolé moi.*
*Tu t'*es *bien conduit,*	—	Tu as *bien conduit toi.*
*Paul s'*est *réjoui,*	—	Paul a *réjoui lui.*

344. Le participe passé d'un verbe pronominal est donc soumis au troisième cas général : il s'accorde avec son complément direct, si ce complément le précède. Ex. :

Paul et Julien se sont écrit (ont *écrit à eux*).
Paul et Julien se sont écrit *des lettres.*
Les lettres que Paul et Julien se sont écrites.

Dans le premier exemple, le participe passé n'a pas de complément direct.

Dans le second, le complément direct *lettres* suit le participe.

Dans le troisième, *écrites* s'accorde avec le complément direct *que*, représentant *lettres*.

Tous les participes sont au masculin singulier dans le livre de l'élève.

Paul et Julien se sont *coupés*. Paul et Julien se sont *coupé* le doigt. Rome et Carthage se sont *fait* une guerre implacable. La guerre que Rome et Carthage se sont *faite* était une guerre implacable. Les volcans sont des soupiraux que le feu souterrain s'est *ouverts*. Les Phéniciens se sont les premiers *confiés* à la mer. Les jeunes gens qui se sont *livrés* au travail avec ardeur se sont *préparé* d'heureux jours. Que d'hommes se sont *craints, déplu, haïs, détestés, menti, trompés, nui!* Deux femmes peuvent être *réconciliées* tant qu'elles ne se soient point *appelées* laides. Des ennemis qui se sont *vaincus* tour à tour se sont toujours *craints* et *respectés*. Les sages de tout temps se sont *servis* des fous. La meilleure réputation est celle qu'on s'est *acquise* soi-même. Combien de gouvernements se sont *succédé* en France depuis soixante ans ! Beaucoup qui s'étaient *endormis* riches se sont *réveillés* pauvres. C'est par la navigation que les Anglais se sont *enrichis* et se sont *rendus* maîtres du commerce des Indes. Bien des choses ne sont impossibles que parce qu'on s'est *accoutumé* à les regarder comme telles. Damon et Pythias s'étaient *juré* une amitié qu'ils se sont fidèlement *gardée*. Paul et Julien, ces deux amis qui se sont *trouvés* tant de fois dans vos devoirs, ne se sont point *oubliés* pendant les vacances ; ils se sont *écrit* plusieurs lettres et se sont exactement *répondu*.

PARTICIPE SUIVI D'UN INFINITIF.

345. Tout participe passé suivi d'un infinitif a pour complément direct cet *infinitif*, ou le *pronom* qui précède.

— Il a pour complément le pronom qui précède, si ce pronom fait l'action marquée par l'infinitif. Ex. :

La fauvette QUE *j'ai* ENTENDUE *chanter*.

Que, mis pour *fauvette*, faisant l'action de chanter, est complément direct de *entendue*, et commande la variabilité.

— Le participe a pour complément l'infinitif, si le pronom ne fait pas l'action exprimée par cet infinitif. Ex. :

La romance que j'ai ENTENDU CHANTER.

Que, mis pour romance, ne faisant pas l'action de chanter, le participe *entendu* a pour complément direct l'infinitif, et, par conséquent, reste invariable.

NOTA. On reconnaît mécaniquement que le participe suivi d'un infinitif est variable, quand on peut tourner l'infinitif par le participe présent :

Les loups que nous avons ENTENDUS *hurler*.

On peut dire :

Les loups que nous avons ENTENDUS *hurlant*.

Le participe est variable.

Les élèves que nous avons ENTENDU *gronder par leur maître.*

On ne peut pas dire :

Les élèves que nous avons ENTENDU *grondant.*

Le participe est invariable.

Disons, pour nous résumer, que le participe suivi d'un infinitif s'accorde toujours avec le mot qui fait l'action marquée par l'infinitif, si ce mot le précède.

EXEMPLES DE VARIABILITÉ :	EXEMPLES D'INVARIABILITÉ :
Les fruits que j'ai VUS *mûrir...*	*Lès fruits que j'ai* VU *cueillir...*
Les artistes que nous avons VUS *peindre...*	*Les paysages que j'ai* VU *peindre...*
Les plumes que nous avons LAISSÉES *tomber...*	*Vos amis que vous avez* LAISSÉ *calomnier...*

346. Quelquefois l'infinitif est sous-entendu ; alors le participe est invariable : *Je lui ai rendu tous les services que j'ai* PU, *que j'ai* DU, *que j'ai* VOULU (sous-entendu *lui rendre.*)

347. Le participe *fait*, suivi d'un infinitif, est toujours invariable : *Les arbres que nous avons* FAIT *planter.*

Tous les participes sont au masculin singulier dans le livre de l'élève.

Ire PARTIE. Nous avons *mangé* les fraises que nous avions *vu* cueillir. Ces arbres, que nous avions *vu* planter, nous les avons *vus* mourir. Jolies petites fleurs, je vous ai *plantées*, je vous ai *vues* naître. On est responsable des maux qu'on a *laissé* faire, quand on a *pu* les empêcher. Les troupeaux que nous avons *vus* bondir dans la plaine, nous les avons *vu* ramener à la ferme. Nous avons *applaudi* les acteurs que nous avons *entendus* jouer ; nous avons *plaint* ceux que nous avons *entendu* siffler. La boussole a *fait* faire d'immenses progrès à la navigation. Pygmalion ne mangeait que des viandes qu'il avait *vu* préparer ou qu'il avait *préparées* lui-même. Télémaque aperçut plusieurs rois qui avaient été *condamnés* aux peines du Tartare pour s'être *laissé* gouverner par des hommes méchants et artificieux.

IIe PARTIE. Les hommes n'ont jamais plus *admiré* les singes que quand ils les ont *vus* imiter les actions des hommes. Il faut croire au mérite de ceux que l'on a *entendu* louer par leurs ennemis. Ruth, que Booz avait *laissée* glaner dans son champ, ramassa les épis que les moissonneurs avaient *laissés* tomber. Les Français ont *laissé* brûler Jeanne d'Arc, qu'ils avaient *vue* tant de fois marcher et combattre à leur tête. Vous avez *aimé* votre prochain, si vous lui avez *rendu* tous les services que vous avez *pu*. Ne tirons pas vanité de la condition *élevée* dans laquelle le hasard nous a *fait* naître. Nous parlons peu quand la vanité ne nous *fait* pas parler.

PARTICIPE PRÉCÉDÉ DE le peu.

348. Le participe passé précédé de *le peu* est invariable, ou s'accorde avec le nom qui suit *le peu.*

349. Il est invariable si *le peu* signifie *le manque, l'insuffisance :*

On le punira du peu de bonne volonté qu'il a MONTRÉ ;

c'est-à-dire *du manque de bonne volonté.*

350. Il s'accorde avec le nom qui suit *le peu*, si *le peu* signifie *une petite quantité, une quantité suffisante* :

On le récompensera du peu de bonne volonté qu'il a MONTRÉE.

CAS OÙ LE PARTICIPE EST TOUJOURS INVARIABLE.

351. Le participe passé placé entre deux *que* est toujours invariable :

Les embarras que j'avais PRÉVU *que vous auriez.*
J'avais prévu *quoi? que vous auriez des embarras.*

352. Le participe passé précédé de *le* a ce pronom pour complément direct, et, par conséquent, est toujours invariable :

La chose est plus sérieuse que je ne L'*avais* PENSÉ ;
c'est-à-dire que je n'avais pensé LE, CELA, *qu'elle était sérieuse.*

353. Le participe passé des verbes impersonnels est toujours invariable :

Les grandes chaleurs qu'il a FAIT ; *les pluies qu'il y a* EU.

Tous les participes sont au masculin singulier dans le livre de l'élève.

Le peu de progrès que les anciens avaient *fait* dans la navigation ne leur *permettait* pas de s'éloigner des côtes. Les inondations qu'il y a *eu* en 1856 ont *causé* de grands désastres. Le peu d'affection que vous lui avez *témoignée* lui a *rendu* le courage. Le peu d'affection que vous lui avez *témoigné* lui a *ôté* le courage. L'affaire est plus sérieuse que vous ne l'aviez *pensé* d'abord. Tôt ou tard on regrette le peu d'instruction qu'on a *reçu*.

Récapitulation sur les participes.

Tous les participes sont au masculin singulier dans le livre de l'élève.

Iʳᵉ PARTIE. On n'entendait plus les marteaux *frappant* l'enclume de coups *redoublés*. Néron avait *donné* dans sa jeunesse des espérances qui ne se sont pas *réalisées*. *Battus* par la tempête, ces vaisseaux ont *échoué* sur des récifs où ils se sont *brisés*. Dieu a *tracé* son nom sur tous les ouvrages qu'il a *créés*, sur toutes les merveilles qui sont *sorties* de ses mains. La nature ne s'est jamais *écartée* des lois qui lui ont été *prescrites* et des plans qui lui ont été *tracés* par le Créateur. Les arbres les plus *élevés* sont les plus *exposés* aux coups de la tempête. Nos plus fastueux monuments sont de vastes tombeaux, sous lesquels sont *ensevelies* les générations qui les ont *élevés*. Les montagnes de la Bétique sont *couvertes* de troupeaux qui fournissent des laines fines, *recherchées* de toutes les nations *connues*. On pardonne à des enfants *repentants* les fautes qu'ils ont *commises*. Les grands hommes appartiennent moins au siècle qui les a *vus* naître qu'à celui qui les a *formés*. Tous les talents *réunis* n'ont jamais *valu* une vertu. De tout temps les conquérants ont *causé* la ruine des nations qu'ils ont *vaincues* et de celles qu'ils ont *fait* vaincre. Démosthènes, lâche dans les combats, s'est *donné* la mort, et Alexandre l'a *vue* arriver avec frayeur, lui qui l'avait tant de fois *affrontée* avec témérité. Combien de personnes se sont *repenties* d'avoir mal *employé* les années qu'elles ont *vécu*!

II° PARTIE. Ne pas écrire correctement, c'est dévoiler le peu d'instruction qu'on a *reçu*. Alexandre et Porus se sont *donné* des marques d'estime. Les marques d'estime qu'Alexandre et Porus se sont *données* les ont l'un et l'autre *honorés*. Titus regardait comme *perdus* les jours qu'il avait *vécu* sans faire du bien. Madame de Sévigné s'est *rendue* célèbre par la grâce et le naturel qu'elle a *répandus* dans les lettres qu'elle nous a *laissées*. Une alliance qu'a *faite* la nécessité est peu solide. Lorsque les rois ont *éloigné* l'opinion publique de leur trône, elle s'est *assise* sur leur cercueil. Les peuples barbares ont *vaincu* l'empire romain et se le sont *partagé*. L'Autriche, la Prusse et la Russie ont *vaincu* la Pologne et se la sont *partagée*. Le peu de progrès qu'a *faits* cet enfant *méritent* d'être *encouragés*. Les pyramides qu'ont *élevées* les Pharaons sont encore debout, malgré les quatre mille ans qu'elles ont *duré*. Les montagnes se sont *élevées*, et les vallons sont *descendus* en la place que le Seigneur leur a *marquée*. Les monts se sont *élevés*, et les vallées sont *descendues* en la place que leur a *marquée* le Seigneur.

DE L'ADVERBE.

354. *Alentour, auparavant, dedans, dehors, dessus, dessous*, sont adverbes et s'emploient sans complément. Ne dites donc pas : A L'ENTOUR *de lui*, AUPARAVANT *moi*, DEDANS *la chambre*, DEHORS *la ville*, DESSUS *la table*, DESSOUS *l'arbre;* mais dites : AUTOUR *de lui*, AVANT *moi*, DANS *la chambre*, HORS *de la ville*, SUR *la table*, SOUS *l'arbre*.

355. PLUS TÔT, PLUTÔT. *Plus tôt*, écrit en deux mots, est l'opposé de *plus tard*, et a rapport au temps : *Je partirai* PLUS TÔT *que vous.*

Plutôt, en un seul mot, marque la préférence : *Les assiégés se firent tuer* PLUTÔT *que de se rendre.*

356. DE SUITE, TOUT DE SUITE. *De suite* signifie *l'un après l'autre, sans interruption : Il ne saurait dire deux mots* DE SUITE.

Tout de suite signifie *sur-le-champ, sans délai : Il faut que les enfants obéissent* TOUT DE SUITE.

Devoir sur l'emploi de l'adverbe.

Un auteur s'est imaginé d'écrire en quarante-trois journées un voyage *autour* de sa chambre. *Avant* d'écrire, apprenez à penser. Que le soleil ne se couche point *sur* votre colère. *Avant* le déluge, les hommes vivaient jusqu'à neuf *cents* ans. L'hypocrite a du miel *sur* les lèvres et du fiel *dans* le cœur. Les Français ont été *plus tôt* civilisés que les autres peuples de l'Europe. Le Français est le rival *plutôt* que l'ennemi de l'Anglais. L'enfant s'attache *plutôt* aux bagatelles qu'aux choses sérieuses. Le paresseux se lève rarement *plus tôt* que le soleil. Achille n'eut pas *plus tôt* paru, que les Troyens prirent la fuite. Celui qui ne se possède pas dans le danger est *plutôt* fougueux que brave. Pygmalion ne couchait jamais deux nuits *de suite* dans la même chambre. Partez *tout de suite*, et revenez promptement.

DE LA PRÉPOSITION.

357. AU TRAVERS, A TRAVERS. *Au travers* veut après lui la préposition *de :* AU TRAVERS DU *corps.*

A travers s'emploie sans préposition : A TRAVERS *le corps.*

358. PRÈS DE, PRÊT A. *Près de* est une locution prépositive qui signifie *sur le point de : L'été est* PRÈS DE *finir.*

Prêt à, formé de l'adjectif *prêt* et de la préposition *à*, signifie *disposé à* : *L'ignorance est toujours* PRÊTE À *s'admirer.*

359. VOICI, VOILA. *Voici* annonce ce que l'on va dire :

VOICI *le code de l'égoïste : tout pour moi, rien pour les autres.*

Voilà a rapport à ce qu'on vient de dire :
Naître, souffrir et mourir : VOILA *notre histoire en trois mots.*

360. *Voici* sert encore à désigner l'objet le plus proche, et *voilà*, l'objet le plus éloigné : VOICI *mon livre, et* VOILA *le tien.*

Devoir sur l'emploi de la préposition.

Nous ne voyons les choses qu'*à travers* nos préjugés. Nous marchâmes longtemps *à travers* une forêt sombre. La mouche ne peut passer *au travers* d'une toile d'araignée. La vérité se distingue à peine *à travers* les voiles du mensonge. Un bon citoyen est toujours *prêt à* sacrifier sa vie pour son pays. Le juste est toujours *prêt à* mourir. Quand vous êtes *près de* mal faire, songez que Dieu vous voit. Quand on a bien commencé, on est *près d'*avoir fini. Le plaisir, l'intérêt, le devoir : *voilà* les trois mobiles des actions humaines. *Voici* les trois puissances de notre âme : la sensibilité, l'intelligence, la volonté. Accepter une vie malheureuse *plutôt* que de s'y soustraire lâchement : *voilà* la vraie vertu.

DE LA CONJONCTION.

361. PARCE QUE, en deux mots, signifie *attendu que :*
Peu nous console, PARCE QUE *peu nous afflige.*
PAR CE QUE, en trois mots, signifie *par la chose que :*
PAR CE QUE *vous dites, je vois que vous avez raison.*

362. QUOIQUE, écrit en un mot, signifie *bien que :*
On ne croit plus un menteur, QUOIQU'*il dise la vérité.*

QUOI QUE, en deux mots, signifie : *quelle que soit la chose que :*
On ne croit plus un menteur, QUOI QU'*il dise.*

363. QUAND, écrit avec un *d*, est une conjonction qui a le sens de *lorsque, à quelle époque :*
QUAND *ferez-vous votre moisson ? —* QUAND *nous pourrons.*

QUANT À, par un *t*, forme une locution prépositive qui signifie *à l'égard de, pour ce qui est de :*
QUANT *à cette affaire, je m'en inquiète peu.*

Devoir sur l'emploi de la conjonction.

Si les pourquoi étaient plus rares, il n'y aurait pas tant de *parce que.* Il ne faut pas juger un homme *par ce qu'*il ignore, mais *par ce qu'*il sait. Pépin a été surnommé le Bref, *parce qu'*il avait une petite taille. *Par ce que* les Romains ont exécuté de travaux, on peut juger de leur activité. Ce jeune homme ne répond aux bontés de sa famille que *par ce qu'*il y a de plus désespérant au monde, l'indifférence. *Quoiqu'*il aime l'argent, il n'en fait pas son Dieu. Les méchants ne sont pas heureux *quoiqu'*ils prospèrent quelquefois. *Quoi que* vous puissiez alléguer, il est facile de comprendre, *par ce que* l'on voit tous les jours, que le mauvais exemple est pernicieux. *Quand* on est orgueilleux, on se prépare des humiliations. Ne prêtez point à la médisance ; *quant* à la calomnie, méprisez-la. *Quand* deux originaux discutent, ils ne se rencontrent jamais en *quoi que* ce puisse être. Les *quant-à-moi* sont fort prétentieux. La lune n'est guère que le quart de notre planète ; *quant au soleil*, il est treize *cent* trente *mille* fois plus gros que la terre.

ORTHOGRAPHE D'USAGE.

364. Il y a deux sortes d'orthographe, l'orthographe de *règles* et l'orthographe *d'usage*.

L'*orthographe de règles* est celle qui repose sur certains principes comme l'accord, la marque du pluriel, la formation du féminin dans les noms, les adjectifs et les participes.

L'*orthographe d'usage* n'est soumise à aucune règle grammaticale ; on l'acquiert en faisant de fréquentes lectures et en s'exerçant à copier dans un livre. C'est ainsi que l'on apprend, par exemple, à écrire *raison* avec un *s* et *horizon* avec un *z*, *regard* avec un *d* et *rempart* avec un *t*, etc.

365. Nous allons cependant donner quelques règles, ou plutôt quelques recettes pratiques qui sont d'une fréquente application :

1° Les consonnes finales, muettes dans la prononciation, sont presque toujours indiquées par les dérivés. Ex. :

Tard	de	*Tarder.*	*Long*	de	*Longue.*
Art	»	*Artiste.*	*Blond*	»	*Blonde.*
Vert	»	*Verte.*	*Rang*	»	*Ranger.*
Pervers	»	*Perverse.*	*Franc*	»	*Franche.*
Gril	»	*Griller.*	*Champ*	»	*Champêtre.*
Gris	»	*Grise.*	*Chant*	»	*Chanter.*
Poing	»	*Poignet.*	*Laid*	»	*Laide.*
Point	»	*Pointe.*	*Legs*	»	*Léguer.*
Fusil	»	*Fusiller.*	*Faim*	»	*Famine.*
Bourg	»	*Bourgade.*	*Fin*	»	*Finir.*

2° Les noms féminins en *té* n'ajoutent pas l'*e* muet : *santé, bonté, charité ;* il faut excepter *dictée, jetée, montée, portée,* et les noms qui indiquent une idée de capacité : une *charretée,* une *pelletée,* etc.

3° Les noms en *eur* s'écrivent sans *e* à la fin : *ardeur, odeur, bonheur ;* il n'y a que quatre exceptions : *heure, beurre, demeure* et *leurre.*

4° Dans le corps d'un mot, devant les consonnes *m, p, b,* on met un *m* au lieu d'un *n* : *emmener, rompre, tambour ;* excepté *bonbon, embonpoint* et *néanmoins.*

5° Tous les mots commençant par *af* prennent deux *f*, excepté *afin* et *Afrique.*

6° Tous les mots commençant par *souf* prennent deux *f*, excepté *soufre* et *soufrer.*

7° Tous les mots commençant par *im* prennent deux *m*, excepté *image, imiter* et leurs dérivés.

8° De tous les verbes qui commencent par le son *o*, un seul, *honorer,* prend *h ;* quelques-uns s'écrivent par *au : augmenter, autoriser ;* la plupart s'écrivent par *o.*

9° Les mots qui ont pour son final *zon* prennent un *s : maison, poison, trahison,* etc. Excepté *gazon, horizon,* qui s'écrivent par un *z.*

EMPLOI DES MAJUSCULES.

366. On emploie une majuscule ou grande lettre :

1° Au commencement d'une phrase ;

2° Dans le courant d'une phrase, après un point ;

3° Au commencement de chaque vers ;

4° Après deux points, mais seulement lorsqu'on rapporte les paroles de quelqu'un ;

5° Au commencement des noms propres : tels sont les noms d'hommes, de peuples, de contrées, de pays, de mers, de fleuves, de montagnes, etc. ; le mot *Dieu* et tous ceux par lesquels on le remplace, comme *Éternel*, *Créateur*, *Seigneur*, *Providence*, etc.

DES SIGNES ORTHOGRAPHIQUES.

367. Les signes orthographiques sont les *accents*, l'*apostrophe*, le *tréma*, la *cédille*, et le *trait-d'union*.

DES ACCENTS.

368. Il y a trois accents : l'accent *aigu*, l'accent *grave* et l'accent *circonflexe*.

369. L'*accent aigu* (é) se place sur les *é* fermés terminant une syllabe : *bonté*, *vérité*.

370. L'*accent grave* (è) se place :

Sur les *è* ouverts : *père*, *accès ;*

Sur *à*, préposition, pour le distinguer de *a*, verbe ;

Sur *dès*, préposition, pour le distinguer de *des*, article ;

Sur *là*, adverbe, pour le distinguer de *la*, article ou pronom ;

Sur *où*, adverbe, pour le distinguer de *ou*, conjonction.

371. L'*accent circonflexe* (ê) se place sur la plupart des voyelles longues : *pâté*, *tempête*, *paraître*, *apôtre*, *flûte ;* et, comme signe de distinction, c'est-à-dire quand ils sont au masculin singulier, sur les participes passés *dû*, *tû*, et sur les adjectifs *mûr*, *sûr*.

372. PREMIÈRE REMARQUE. Tous les mots en *ége* s'écrivent par un *é* fermé : *collége*, *liége*, *piége*, *siége*, etc. Nous avons déjà vu, § 171, que les verbes en *éger* conservent l'accent aigu dans toute leur conjugaison.

373. DEUXIÈME REMARQUE. Toutes les fois que la voyelle *e* est suivie d'un *x*, au commencement ou dans le corps d'un mot, cette lettre, formant une même syllabe avec *x*, s'écrit sans accent : EXÉCUTER, EXEMPLE, *réflexion.*

374. TROISIÈME REMARQUE. On commet souvent une faute contre l'emploi de l'accent circonflexe, en confondant la troisième personne du singulier du passé antérieur avec la personne correspondante du conditionnel passé, deuxième forme, et du plus-que-parfait du subjonctif :

Il lut ce livre dès qu'il l'eut acheté ;

Il aurait lu ce livre s'il l'eût acheté ;

Pour lire ce livre, il aurait fallu qu'il l'eût acheté.

Dans le 1ᵉʳ exemple, *eut* est au passé antérieur et s'écrit, par conséquent, sans accent ; dans le second, *eût* est au conditionnel passé, 2ᵉ forme, et dans le 3ᵉ il est au plus-que-parfait du subjonctif. Dans ces trois cas, le verbe a la même consonnance, quoique appartenant à des temps différents. Pour établir une distinction, il faut changer le nombre du verbe, et se servir de la 3ᵉ personne du pluriel.

On obtient pour les exemples ci-dessus :

*Ils lurent ce livre dès qu'ils l'*EURENT *acheté ;*

*Ils auraient lu ce livre s'ils l'*EUSSENT *acheté ;*

*Pour lire ce livre, il aurait fallu qu'ils l'*EUSSENT *acheté.*

Cette substitution rend alors la confusion impossible.

Le même procédé sert à faire distinguer un passé défini d'un imparfait du subjonctif :

Le juge régla *ce procès à l'amiable.*

Il faudrait que le juge réglât *tous les procès à l'amiable.*

On obtient au pluriel :

Les juges RÉGLÈRENT...

Il faudrait que les juges RÉGLASSENT...

Devoir sur l'emploi de l'accent circonflexe.

Caligula souhaitait que le peuple romain n'*eût* qu'une seule tête. Les Romains ne voulaient pas d'une victoire qui *coûtât* trop de sang. Quelle est la bataille qui *coûta* 80,000 hommes aux Romains? On peut dire, en parlant d'Henri IV, que jamais la France n'*eût* un si bon roi. Le héron *crut* mieux faire d'attendre qu'il *eût* un peu plus d'appétit. Alexandre *eût* conquis l'univers, si la mort ne l'*eût* arrêté. Alexandre rentra à Babylone quand il *eut* vaincu Porus. Un riche se plaignait que la Providence n'*eût* pas fait vendre le dormir au marché. Télémaque ne pouvait croire qu'il *eût* parlé si indiscrètement. Quand Télémaque *eut* cessé de parler, chacun l'*applaudit*. Il fallait qu'il *eût* beaucoup d'éloquence, pour que tout le monde l'*applaudît*. Dès que la Judée *fut* soumise aux Romains, le Sauveur *parut*. Dieu *voulut* que la Judée *fût* soumise aux Romains, avant que le Sauveur *parût*.

De l'Apostrophe.

375. *L'apostrophe* marque la suppression d'une des voyelles *a, e, i,* dans les mots *le, la, je, me, te, se, de, que, ce, si,* devant une voyelle ou un *h* muet : *l'homme, l'oiseau, l'amitié, s'il,* etc., pour *le homme, le oiseau, la amitié, si il.*

376. On emploie encore l'apostrophe :

1° Avec les mots *lorsque, puisque, quoique,* mais seulement devant *il, elle, on, un, une : lorsqu'il, puisqu'elle, quoiqu'on dise.*

2° Avec *entre, presque,* lorsqu'ils font partie inséparable d'un mot composé : *entr'acte, presqu'île.*

3° Avec *quelque* devant *un, une, autre : quelqu'un, quelqu'une, quelqu'autre.*

377. Conséquemment, dites, sans employer l'apostrophe : LORSQUE *Henriette,* LORSQUE *Adolphe sera parti ;* PUISQUE *Henriette,* PUISQUE *Adolphe est parti ;* QUOIQUE *Henriette,* QUOIQUE *Adolphe soit parti ; nous sommes* PRESQUE *amis ; on ne se gêne pas* ENTRE *amis ;* QUELQUE *amis que l'on soit...*

Du Tréma.

378. Le *tréma* se met sur l'une des voyelles *e, i, u,* pour les faire

prononcer séparément de la voyelle qui précède : *haïr, Saül, ciguë.*
Prononcez *ha-ir, Sa-ul, cigu-e.*

De la Cédille.

379. La *cédille* se met sous la lettre *c*, pour lui donner le son de *s*
devant *a, o, u* : *façade, hameçon, reçu.*

Du Trait-d'union.

380. Nous ne parlerons de l'usage du trait-d'union que pour l'écriture des noms de nombre.

Employez le trait-d'union, comme signe additif, seulement entre le
mot qui exprime les dizaines et celui qui exprime les unités : *dix-sept,
vingt-trois, soixante-dix-huit, trois cent soixante-treize.*

Il faut ajouter à cette règle le mot *quatre-vingts.*

DE LA PONCTUATION.

381. La ponctuation est la manière d'indiquer dans l'écriture, au
moyen de petits signes conventionnels, les différentes pauses que l'on
fait en parlant ou en lisant.

382. Ces signes sont au nombre de six : la *virgule* (,) le *point-virgule* (;) les *deux points* (:) le *point* (.) le *point d'interrogation* (?) et le
point d'exclamation (!).

383. La *virgule* s'emploie :

1° Pour séparer les parties semblables d'une même phrase, c'est-à-dire les noms, les adjectifs, les verbes, etc. Ex. :

> *La charité est* DOUCE, PATIENTE, BIENFAISANTE.
> *La mouche* VA, VIENT, FAIT MILLE TOURS.

REMARQUE. On ne met pas de virgule si les parties sont liées par une
des conjonctions *et, ou, ni :*

> *Il faut* VAINCRE *ou* MOURIR.
> *Il ne fait ni* CHAUD *ni* FROID.

2° Avant et après toute réunion de mots que l'on peut retrancher
sans changer le sens de la phrase :

> *Un ami,* DON DU CIEL, *est un trésor précieux.*

3° Avec les mots mis en apostrophe :

> *Appliquez-vous,* MES ENFANTS, *à acquérir de l'instruction.*
> *Soyons amis,* CINNA.

384. Le *point-virgule* s'emploie pour séparer entre elles les parties semblables d'une même phrase quand elles ont une certaine étendue, et surtout quand elles sont déjà subdivisées par la virgule :

> *Le reste meurt ; la religion ne meurt jamais.*
> *Fais bien, tu auras des envieux ; fais mieux, tu les confondras.*

385. Les *deux points* s'emploient :

1° Après un membre de phrase qui annonce une citation :

> *Dieu dit : Que la lumière soit faite.*

2° Avant une phrase qui sert à développer celle qui précède :

Les lois ressemblent aux habits : elles gênent un peu, mais elles préservent.

3° Avant une énumération, si l'énumération termine la phrase; après une énumération, si l'énumération commence la phrase :

Voici trois bons médecins : la tempérance, la gaîté et le travail.
Tempérance, gaîté, travail : voilà trois bons médecins.

386. Le *point* s'emploie après une phrase entièrement terminée :
Une bonne éducation est le plus grand des biens.

387. Le *point d'interrogation* s'emploie à la fin de toute phrase qui exprime une demande : *Où allez-vous? Quand partez-vous?*

388. Le *point d'exclamation* s'emploie après les interjections et après les phrases qui marquent la joie, l'admiration, la terreur, la pitié, etc. : *Que le Seigneur est bon !*

Devoir sur la ponctuation.

Il faut étudier constamment, méthodiquement, avec goût, avec application. Je suis Joseph, votre frère. L'imagination et le jugement ne sont pas toujours d'accord. La fourmi, symbole de l'activité, se nourrit en hiver des provisions de l'été ; la cigale, symbole de l'oisiveté, meurt alors de froid et de faim. Saint Jean répétait sans cesse à ses disciples : Mes enfants, aimez-vous les uns les autres. Je crains Dieu, cher Abner, et n'ai point d'autre crainte. Ni l'or ni la grandeur ne nous rendent heureux. Le pain ne sera pas cher : la récolte a été très-abondante. Les méchants se craignent, se détestent, se fuient. Jacquard, ouvrier lyonnais, a inventé les métiers à tisser. Seigneur, quel mortel est digne d'entrer dans ta gloire adorable ! Le loup dit au chien : Vous ne courez donc pas où vous voulez ? Heureux ceux qui s'amusent en s'instruisant! César écrivit au sénat : Je suis venu, j'ai vu, j'ai vaincu. L'homme vertueux ne ment jamais ; l'idée seule du mensonge l'épouvante. Quel magnifique spectacle que le lever du soleil ! On est rarement content de sa mémoire; on l'est toujours de son esprit.

SUPPLÉMENT

A LA CONJUGAISON DES VERBES.

Parmi les verbes irréguliers, les suivants : *Acquérir, bouillir, cueillir, tressaillir, s'asseoir, mouvoir, prévaloir, coudre, moudre, vaincre,* sont ceux dont la conjugaison offre le plus de difficultés; c'est moins la règle qui les grave dans la mémoire que l'habitude de la lecture et du bon langage. C'est en parlant de ces verbes que Condillac disait : « Je ne conseille à personne de les *étudier;* c'est de l'usage qu'il faut les apprendre. » Il est donc essentiel que le maître y revienne souvent et qu'il en fasse l'objet de conjugaisons orales et écrites.

ACQUÉRIR.

Indicatif présent......	J'acquiers, tu acquiers, il acquiert, nous acquérons, vous acquérez, ils acquièrent.
Imparfait	J'acquérais, tu acquérais, il acquérait, nous acquérions, vous acquériez, ils acquéraient.
Passé défini	J'acquis, nous acquîmes.
Futur simple	J'acquerrai, nous acquerrons.
Conditionnel présent.	J'acquerrais, nous acquerrions.
Impératif.............	Acquiers, acquérons, acquérez.
Subjonctif présent....	Que j'acquière, que tu acquières, qu'il acquière, que nous acquérions, que vous acquériez, qu'ils acquièrent.
Imparfait.............	Que j'acquisse, que nous acquissions.
Mode **Infinitif**..........	Acquérir, acquérant, acquis.

BOUILLIR.

Indicatif présent......	Je bous, tu bous, il bout, nous bouillons, vous bouillez, ils bouillent.
Imparfait.............	Je bouillais, nous bouillions.
Passé défini..........	Je bouillis, nous bouillîmes.
Futur simple.........	Je bouillirai, nous bouillirons.
Conditionnel présent.	Je bouillirais, nous bouillirions.
Impératif.............	Bous, bouillons, bouillez.
Subjonctif présent ...	Que je bouille, que tu bouilles, qu'il bouille, que nous bouillions, que vous bouilliez, qu'ils bouillent.
Imparfait.............	Que je bouillisse, que nous bouillissions.
Mode **Infinitif**..........	Bouillir, bouillant, bouilli.

CUEILLIR.

Indicatif présent......	Je cueille, nous cueillons.
Imparfait...............	Je cueillais, nous cueillions.
Passé défini	Je cueillis, nous cueillîmes.
Futur simple	Je cueillerai, nous cueillerons.
Conditionnel présent.	Je cueillerais, nous cueillerions.
Impératif..............	Cueille, cueillons, cueillez.
Subjonctif présent....	Que je cueille, que nous cueillions.
Imparfait..............	Que je cueillisse, que nous cueillissions.
Mode Infinitif..........	Cueillir, cueillant, cueilli.

TRESSAILLIR.

Indicatif présent......	Je tressaille, nous tressaillons.
Imparfait..............	Je tressaillais, nous tressaillions.
Passé défini..........	Je tressaillis, nous tressaillîmes.
Futur simple	Je tressaillirai, nous tressaillirons.
Conditionnel présent.	Je tressaillirais, nous tressaillirions.
Impératif..............	Tressaille, tressaillons, tressaillez.
Subjonctif présent....	Que je tressaille, que nous tressaillions.
Imparfait..............	Que je tressaillisse, que nous tressaillissions.
Mode Infinitif..........	Tressaillir, tressaillant, tressailli.

S'ASSEOIR.

Indicatif présent......	Je m'assieds, tu t'assieds, il s'assied, nous nous asseyons, vous vous asseyez, ils s'asseyent.
Imparfait..............	Je m'asseyais, nous nous asseyions.
Passé défini	Je m'assis, nous nous assîmes.
Futur simple	Je m'assiérai, nous nous assiérons.
Conditionnel présent.	Je m'assiérais, nous nous assiérions.
Impératif..............	Assieds-toi, asseyons-nous, asseyez-vous.
Subjonctif présent....	Que je m'asseye, que nous nous asseyions.
Imparfait..............	Que je m'assisse, que nous nous assissions.
Mode Infinitif..........	S'asseoir, s'asseyant, assis.

ON DIT AUSSI, MAIS PLUS RAREMENT :

Indicatif présent......	Je m'assois, nous nous assoyons.
Imparfait..............	Je m'assoyais, nous nous assoyions.
Futur simple	Je m'assoirai, je m'asseyerai; nous nous assoirons, nous nous asseyerons.
Conditionnel présent.	Je m'assoirais, je m'asseyerais; nous nous assoirions, nous nous asseyerions.
Impératif..............	Assois-toi, assoyons-nous, assoyez-vous.
Subjonctif présent....	Que je m'assoie, que nous nous assoyions.
Participe présent.....	S'assoyant.

MOUVOIR.

Indicatif présent......	Je meus, tu meus, il meut, nous mouvons, vous mouvez, ils meuvent.
Imparfait..............	Je mouvais, nous mouvions.
Passé défini...........	Je mus, nous mûmes.
Futur simple..........	Je mouvrai, nous mouvrons.
Conditionnel présent.	Je mouvrais, nous mouvrions.
Impératif..............	Meus, mouvons, mouvez.

Subjonctif présent....	Que je meuve, que nous mouvions.
Imparfait..............	Que je musse, que nous mussions.
Mode Infinitif..........	Mouvoir, mouvant, mû.

PRÉVALOIR.

Indicatif présent......	Je prévaux, nous prévalons.
Imparfait..............	Je prévalais, nous prévalions.
Passé défini..........	Je prévalus, nous prévalûmes.
Futur simple..........	Je prévaudrai, nous prévaudrons.
Conditionnel présent.	Je prévaudrais, nous prévaudrions.
Impératif..............	Prévaux, prévalons, prévalez.
Subjonctif présent....	Que je prévale, que tu prévales, qu'il prévale, que nous prévalions, que vous prévaliez, qu'ils prévalent.
Imparfait..............	Que je prévalusse, que nous prévalussions.
Mode Infinitif..........	Prévaloir, prévalant, prévalu.

COUDRE.

Indicatif présent......	Je couds, nous cousons.
Imparfait..............	Je cousais, nous cousions.
Passé défini..........	Je cousis, nous cousîmes.
Futur simple..........	Je coudrai, nous coudrons.
Conditionnel présent.	Je coudrais, nous coudrions.
Impératif..............	Couds, cousons, cousez.
Subjonctif présent....	Que je couse, que nous cousions.
Imparfait..............	Que je cousisse, que nous cousissions.
Mode Infinitif..........	Coudre, cousant, cousu.

MOUDRE.

Indicatif présent......	Je mouds, tu mouds, il moud, nous moulons, vous moulez, ils moulent.
Imparfait..............	Je moulais, nous moulions.
Passé défini..........	Je moulus, nous moulûmes.
Futur simple..........	Je moudrai, nous moudrons.
Conditionnel présent.	Je moudrais, nous moudrions.
Impératif..............	Mouds, moulons, moulez.
Subjonctif présent....	Que je moule, que nous moulions.
Imparfait..............	Que je moulusse, que nous moulussions.
Mode Infinitif..........	Moudre, moulant, moulu.

VAINCRE.

Indicatif présent......	Je vaincs, tu vaincs, il vainc, nous vainquons, vous vainquez, ils vainquent.
Imparfait..............	Je vainquais, nous vainquions.
Passé défini..........	Je vainquis, nous vainquîmes.
Futur simple..........	Je vaincrai, nous vaincrons.
Conditionnel présent.	Je vaincrais, nous vaincrions.
Impératif..............	Vaincs, vainquons, vainquez.
Subjonctif présent....	Que je vainque, que nous vainquions.
Imparfait..............	Que je vainquisse, que nous vainquissions.
Mode Infinitif..........	Vaincre, vainquant, vaincu.

FIN.

TABLE DES MATIÈRES.

FIN DE LA TABLE.

Paris. — Imprimerie Morris et Compagnie, rue Amelot 64.